強豪チームや有名企業が実践している
「やり抜く力」を身につける技術！

「目標」を「現実」に変えるたった3つのルール

石井大貴
LOCON株式会社代表取締役、
金沢工業大学大学院客員准教授

プレジデント社

はじめに

私は、**「あらゆる人の人生を〝自分色〟に変える」**というコンセプトの下、これまでに千葉ロッテマリーンズをはじめとする多くのスポーツチームや選手、あるいは企業、学生に向け、15年以上にわたりコーチングを行ってきました。

その中で本書に示す、**「目標を現実に変えるための3つのルール」を実行してもらうことで、さまざまな人が、自分らしくいきいきと人生を送る姿を目の当たりにしてきました。**

そこで今回、多くの人々に対して「目標達成」のアドバイスをしてきた経験と知恵をご紹介したいと思っています。

「一度きりの人生、思いっきり楽しんで生きたい！」

誰しもそのように考えるはずです。私の経験上、「目標」を適切に掲げられると、楽しく人生を送っている人が多いように思います。それは、なぜでしょうか？

「目標」は自分自身と向き合って決めるものです。そして、その**目標へのチャレンジは、間違いなく人を成長させます。**

自分自身が成長し続けていると感じ、目標を現実に変える度に、人は「楽しい」という気分を味わうことができるのだと考えています。

さらにいうと、そのチャレンジは誰にも邪魔されることがありません。お金や地位や名誉は、人と比べたらきりがないですが、自分自身の目標については、人にとやかく言われる筋合いはないのです。思いっきりチャレンジして、納得いくまでやり続けることができます。

私自身、「人生が楽しいか楽しくないかは、目標を持っているか否かで決まる」と心底思っています。なぜなら、私自身が学生の頃から20年間目標を立て続けてきて、人生が変わったと実感しているからです。

成功する人たちであっても、必ずしも最初から順風満帆な人生を歩んできたわけではありません。

たとえば、本書でも登場するプロフィギュアスケーターの鈴木明子さんは18歳で摂食障害を患い、体重が32キロまで減ってしまいました。フィギュアスケートを続けるどころか、普通に生活することすら難しい状態だったそうです。しかし、コツコツと目標をクリアすることを繰り返し、摂食障害を乗り越え、日本最年長の27歳で世界選手権のメダルを手に入れました。

鈴木さんが自分自身の生きるプロセスにおいて「他人」と比べたり、物質的な価値判断だけに振り回されて目標を見失っていたら、今の「楽しい人生」は手に入らなかったはずです。このように、一つひとつの小さな目標は、人生を照らし出してくれる〝光〟

になるのです。

本書は、目標を現実に変えるための具体的な3つのルールと成功者たちへのインタビューを通じて、目標へ向かう具体的なプロセスをご紹介しています。目標はあるが、なかなか達成することができない、あるいは途中で挫折してしまうという人も、**本書を読むことで正しい目標設定の方法を学び、「やり抜く力」を身につけることができる**のではないかと考えています。

また、未来を思い描けないという人も、本書を読めば、目標達成に向けた一歩目を踏み出すことができると思います。

適切な人生の目的と目標、哲学を持って行動すれば、その時点であなたの人生は大きく前進していることを実感できるはずです。

この本とともに、目標を持って、一度きりの人生を思いっきり楽しんでいただければと願っています。

目次

第2章 他人や環境に振り回されない!「時間管理」の方法

第3章 ブレない自分をつくる「行動哲学」の原則

第4章 達成のための6ステップ！「短、中、長期」目標の作り方

第5章　周囲を巻き込んで、「やり抜く力」を生み出そう！

第6章　思考を変えれば、目標は次々と達成できる！

SPECIAL INTERVIEW　成功者に学ぶ目標達成の法則

第1章

なぜ、目標を持つことが大切なのか？

未来を思い浮かべることが、人生を有意義なものにする

人生をどう生きるか。
自分は何のために働いているのか。
今のままの自分でいいのか。
もっといきいきと楽しく過ごせないか。
そもそも、自分が生きている意味は何なのか。

誰でも一度は、こんなことを考えたことがあるのではないでしょうか。

社会の中で生きていれば、そう思うのは当然だと思います。とくに環境の変化が激しい今の時代、これからの社会がどうなっていくのかは未知数で、自分の未来に漠然とした不安を抱いたり、「このままでいいのか」と疑問を感じたりする人も少なくないはずです。

かつて、日本経済が右肩上がりだった時代は、会社や上司の指示にしたがっていれば、仕事は与えられ、昇進昇格・昇給も自動的に進み、精神的・経済的な満足はそれなりに得られました。ある意味レールに乗ってしまえば、さほど自ら必死に何かを獲得しようとしなくても、望むモノ・コトを手に入れることはできたのかもしれません。

ところが、現在はどうでしょうか。政治、経済、技術、社会、働き方、国際関係、そして人びとの価値観も、あらゆるものの変化のスピードは速くなる一方です。この先どうなるのか、予想がつかない時代になってきているのです。

どこかに、誰かにしがみついて、あるいは流れに身を任せてという生き方は、もう過去のものとなっています。

だからこそ、自分の足でしっかり立って、歩いていくこと――。自分で考え、自分で決めて、自分で行動することができないと、この変化の荒波に〝あっという間〟に飲み込まれてしまいます。

そのときに大事なのは、**「自分はどこに向かって歩いていくのか」**ということです。

目指すべき地点、すなわち「目標」が定まっていなければ、どの方向に歩みを進めたらよいのか、さっぱりわからないでしょう。

5年先、10年先、「自分はどうしていたいか？」「どんな姿になりたいか？」——。未来を思い浮かべることが、人生を自分色に変え、有意義なものにする第一歩なのです。

「目標」をクリアしていくと「目的」が見えてくる

小さなことでも、目標を実現するためには、自分なりに、Plan（計画）・Do（実行）・Check（評価）・Action（改善）の、いわゆるＰＤＣＡを回していかねばなりません。

すると、「これが向いているのかもしれない」「こういう思考のクセがあるんだな」と自分の傾向を理解できるようになります。自己分析することで、「自分の潜在的な思考を顕在化させる」わけです。

そうした、まだ知らない自分に気づき、思考し、行動することを繰り返していくうちに、自分の将来なりたい姿が見えてくるでしょう。

1-1●小さな目標の先に人生の目的がある！

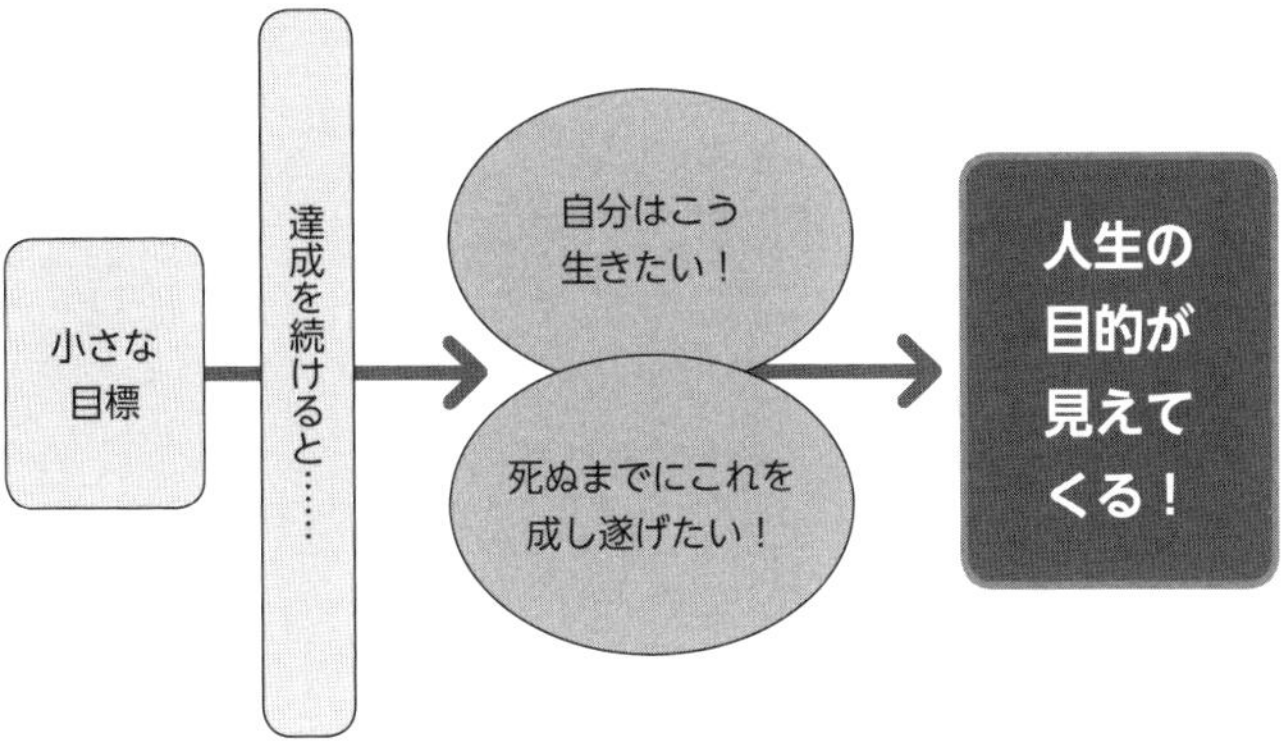

小さな目標
達成を続けると……
自分はこう生きたい！
死ぬまでにこれを成し遂げたい！
人生の目的が見えてくる！

こうして小さな目標をいくつも達成していくと、次第に目線が先をとらえ、「自分はこう生きたい」「死ぬまでにこんなことを成し遂げたい」という、いわゆる**人生の「目的」**を意識するようになります。これは当然、人によって異なります。「家族を幸せにしたい」と考える人もいれば、「世界を平和にしたい」という人もいるでしょう。

私が考えるに、お金や地位や名誉を手に入れることは、あくまで目標を達成するための手段であり、「人生の目的」とはなり得ないと思います。

真の目的とは、究極的には**「何のために生きるのか？」「何を成し遂げて人生を締めく**

くりたいのか?」ということだと考えています。これは、けっして他人と比べられるものではありません。

お金や地位や名誉を追いかければ、「自分が人より抜きん出るためには?」と思考し、常に人と比べることになります。そのような終わりのない競争に陥るよりも、人と比べることができない「人生の目的」を持って生きたほうが、計り知れない楽しさや喜びを感じながら過ごすことができるのではないでしょうか。すると、自分自身に誇りを持って生きられるようになるはずです。

人によっては、「自分は生涯をかけてこれがしたい」と、目的が先にあるかもしれません。その場合は、目的に向かって、今、何をすべきかは、比較的わかりやすいでしょう。

ただ、このような人は珍しいかもしれません。たとえば「人類を前進させる」との信念を貫いたスティーブ・ジョブズのような人物は、かなり少数派といえます。

しかし、現時点で**「人生の目的」が見えていなくても、まったく問題はありません。**

肝心なのは、**「目標」を設定し、それをひとつずつクリアしていくこと**なのですから。

そして、それがやがて「人生の目的」の発見につながるのだと思います。

まずは「自己実現」から始めよう

大事なのは、「どのような目標を設定するか」です。これは自分自身の「やりがい」と合わせて考えるといいでしょう。

私は人の「やりがい」には3つのパターンがあると考えます。ひとつ目は、**「自己実現のため」**。自分自身が楽しい、あるいは自分自身がやりたいからやる、というパターンです。

2つ目は、**「他者のため」**。たとえば、身内が病気で苦しむ姿を見てきたからそれを治す医者になりたいなど、自分以外の第三者のために働くことにやりがいを見出すパターンです。

そして3つ目は、「他者のため」を超えた「社会のため」、いわゆる**「社会貢献」**です。

1-2●人生には3つのやりがいがある

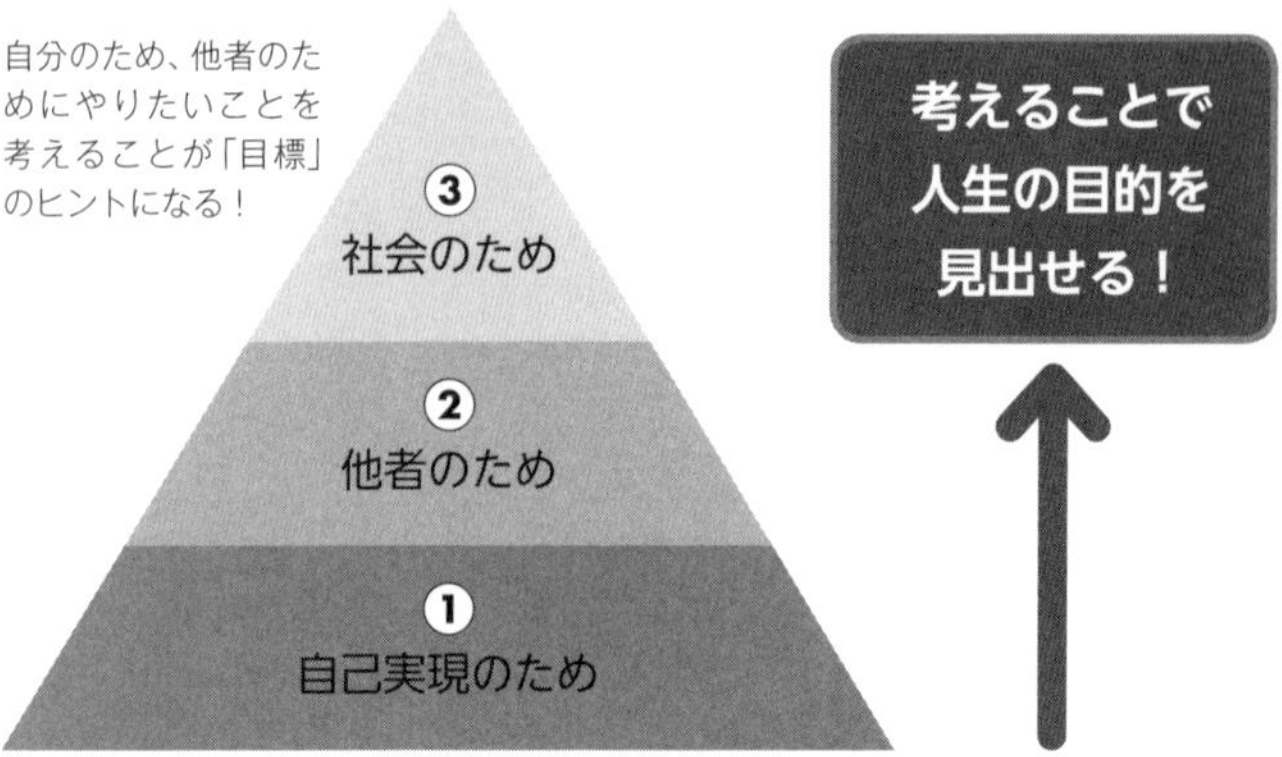
自分のため、他者のためにやりたいことを考えることが「目標」のヒントになる！
③社会のため
②他者のため
①自己実現のため
考えることで人生の目的を見出せる！

最初に見つけやすいやりがいは、「自己実現」でしょう。人によっては「他者のため」から入る人もいるかもしれません。ただ、最初から「社会貢献をしたい」という人は、少数派ではないでしょうか。

まずは「自分のため」あるいは「他者のため」に「やりたいこと」を考える。それが「目標」のヒントになり、やがて、「社会のため」につながるという流れです。

たとえば、起業を例に考えれば自分自身が「このビジネスはおもしろい！」というところから始まり、昼夜問わず没頭し続けているうちに、仲間や賛同者が集まるようになっていくことでしょう。

その後、会社が大きくなっていくにつれ、いつからかその仕事のモチベーションが社会を豊かにしたいというものに変わるかもしれません。

このようなことができる人は、人生最期のときを迎えても「ああ、楽しかったな」と心から思えることでしょう。まずは会社の中であろうと外であろうと、**自分の心に正直になって、「楽しい」と心から思えることに夢中になって取り組む**しかないと思います。

コントロールできない「過去」に固執してはいけない

人間誰しも、「あのとき、ああしておけばよかった」と、後悔することが多々あると思います。

けれども、当たり前ですが**「あのとき」は「過去」であり、変えることはできません。大切なのは「未来」であり、そこに向かうための「今」**なのです。

自分にとって適切な目標を持つ人は、**自分自身で将来をコントロールできることを**

1-3●過去は振り返ってもコントロールできない

	過去	現在	未来
他人（相手）	×	×	△
社会環境	×	×	△
自分	×	○	○

※○はコントロールできること、△はコントロールできる可能性はあるが確かでないこと、×はコントロールできないこと

どんなときでも、“将来”に向かって考え、“今”自分ができることに集中すること以外、状況をコントロールする術はありません

知っています。逆にいえば、「過去」はコントロールできないことを理解しているともいえるでしょう。

一口に「過去」といっても、「他人（相手）の過去」「社会環境における過去」「自分の過去」に分類できます。同様に、「現在」「未来」についても、それぞれ「他人」「社会環境」「自分」があります（上図参照）。

そう考えたとき、自分が確実にコントロールできるのは、前述した自分の「現在」と「未来」のみです。「他人の未来」「社会環境の未来」については、一部コントロールできる可能性もありますが、「他人の現在」「社会環境の現在」は、コントロールできません。

ですから、「他人」がしたことにイライラしても始まりませんし、「社会」のせいにしてもしかたありません。「不況だから売上が少ない」といっても、社会環境は誰にとっても同じです。同じように、スポーツの試合で「風が強いから勝てなかった」と言い訳をするアスリートはけっして一流にはなれないでしょう。

他人や環境のせいにばかりしていたら、未来志向にならないのは当然です。どんなときでも「将来」に向かって考え、「今」自分ができることに集中すること以外、状況をコントロールする術はないのです。

「未来」の自分を想像して「今」を生きる

以前、スポーツドクターであり、メンタルトレーナーでもある辻秀一先生と一緒に講演させていただく機会がありました。その際、辻先生のこんなお話が印象に残っています。

「今、この場で自分が何をできるかに全力を尽くす。それで負けたり、うまくいかなかったりしたら、もうしょうがない。この場でできることに集中すると、将来の自分、未来の自分が変わってくる」

モチベーションや考え方の軸を持って、繰り返しチャレンジしていけば、きっとベストなパフォーマンスは発揮できる。試合に必ずしも勝てるとはいえないかもしれないが、自分自身がそのときに満足するプレーは必ずできる――というわけです。

このことは、スポーツの世界だけに限りません。学問でも仕事でも、人生の出来事すべてにおいて適用できる思考です。

私自身、過去を振り返ることはありません。後悔することもありません。振り返った経験はあったとしても忘れてしまいます。常に**「未来に対して後悔のないように」**行動しています。

ですが、以前は、私も後悔ばかりしてしまう体質でした。学生時代は、テニスに没頭していたのですが、試合で負けたりすると「何でうまくいかないんだろう。あのときに、こうしたからかな」と過去を振り返り、後ろ向きに考えることも多々ありました。

常に前向きでいたいと思っているのに、「ネガティブ思考の自分」が顔を出します。弱い自分の本質が見えてしまうから、もうスポーツはやりたくないとすら思いました。

しかし、大学時代に出会った中野森厳（もりよし）さん（元横浜ゴム常務取締役）から「今、できることに関して、もっとよくなる方法はないか、常に考えろ」と、何度も教えられたことで、人生がガラッと変わりました。今に集中して、もっと未来のためにできることはないか？　と思考を巡らすことで、「過去ではなく未来を見る」体質へと変化することができたのです。

ちなみに私は、日記の類はつけません。第4章で詳しくお伝えしますが、私が作成するのは、「過去の記録」ではなく、「未来へのチャレンジ」のみです。

よく「過去から学びを得る」といいますが、私は「自分の過去」から学ぶより、「先人」から学びます。歴史を学ぶ意義もそこにあると考えているからです。

大事なのは、**「未来」の自分を想像して「今」を生きること。「過去」を振り返り、後悔とともに生きていく人生に、成長はありません。**

後悔しない体質になる方法

「もっとやるべきことはないか」「もっとよくなる方法はないか」と考えていたら、過去を振り返っている時間なんてありません。

しかし、それがなかなかできない、どうしても後悔してしまう、後ろを振り返ってしまう、という場合もあるでしょう。その解決策として提案したいのは、**「やれば、できる」という「成功体験」を積み重ねること**です。

「成功体験」と聞くと、難しそうに感じるかもしれませんが、ごくごく小さなことでいいのです。

たとえば、子どもの頃を思い出してください。縄跳びがまったくできなかったのが、前跳びが跳べるようになった。やがて、連続して10回できるようになった……。それだけのことがうれしかったという記憶はないでしょうか。

「できないこと」ができたときは、大きな喜びが得られ、それが自信につながります。これは、子どもだけでなく、大人でも同じです。

昨晩決めた時間よりも早く起きることができた、本を読むスピードが速くなった、仕事がいつもより早く片付いた、じゃがいもの皮がきれいに剥けるようになった……など、どんなささいなことでもいいのです。

ポイントは、誰かにいわれてやったことではなく、自ら始めたことで「あ、できた！」と実感すること。そのほうが、達成感がより得られます。


ここで、大学時代の体験をお伝えしたいと思います。私は体育会の運営団体に所属し、全体を統括する立場にいました。学生なので、ビジネスと違ってお金は発生しないものの、さまざまなことに目標を立てて、活動を推進していたのです。

たとえば、アメリカンフットボール部の勧誘のとき。当時のアメフト部は、今より人気がなくて、部員はなかなか集まりませんでした。そこで「部員を倍に増やす」という目標を立てました。そのために頭をひねり、ヒントにしたのが、当時の「資格」ブームです。

その頃は、キャリア形成に重要だからと、大学とのダブルスクールで専門学校に通う学生も少なくありませんでした。それほど、「資格」は当時の学生に刺さる言葉だったのです。

そこで私は、「アメフトを4年間やり遂げて、卒業すること自体が人生における大きな資格だ」ということをキャッチコピーにして、いろいろな人を口説いていきました。すると、部員数が激増したのです。

男性はもちろん、女性にも響いたようで、その年はマネージャー志望の女性もたくさん集まりました。それまでは1人、多くても2、3人という程度でしたが、入部志望者がいっきに15人に増えたのです。同様の取り組みを体育会全体にも広げ、前年より2~3割も部員数が増加したと記憶しています。

私が大きな達成感を味わったのは、いうまでもありません。目標を決めて、それを実現するために工夫し、実行する。その楽しさ、やりがいを実感した忘れられない思い出です。

私のこの体験のように、工夫次第で成果が出ることは、じつは目の前にいくらでも転がっています。

ビジネス、ボランティア、趣味、家事、子育て……。すべてにおいて、「一生懸命やれば成果が上がる」ことがわかると、「今」に集中できるようになります。そうなると、過去を振り返っている時間などありません。

繰り返しになりますが、**大きなチャレンジである必要はない**のです。むしろ難易度が高いと時間ばかりかかってしまい、達成感はなかなか得られません。

そうではなく、**「成果が見えやすいこと」にチャレンジして、「早く達成感を得る」**。そして「それを何回も味わう」ことが肝心です。そうすれば、「後悔しない体質」になれるはずです。

自分の将来を計画することを習慣にしよう

目標をつくるときは、まず「自分が楽しい」ことから考えてみようということは、すでにお伝えした通りですが、補足すると「よだれが出そうな瞬間」、すなわち、「脳が生理的に欲するものごと」を、未来の自分に重ねてみるとよいと思います。

ものづくりが好きなら「こんな商品ができたらいいな」、建築に携わる人なら「あんな建物をつくりたいな」といった「いいな」と感じる「未来」を考えてみましょう。もしくは、目に見えるものだけでなく、「こんな職場環境に身を置けたら素敵だろうな」でもいいと思います。

要は、**「具体的に想像すること」がポイント**です。想像が膨らめば膨らむほど、「今」がリアルになってきます。そうなると、**「今すべきこと」に落とし込みやすい**のです。

ここで、私が目標を立てるにあたって、どのように〝最初の一歩〟を考えているかを紹介しましょう。

私の場合は、「これができたら楽しいな」という自分だけのキーワードが、まず自然に頭の中に浮かびます。なぜ浮かぶのかというと、それはやはり、「もっとやるべきことはないか」「もっとよくなる方法はないか」と常に考え、アンテナを張り巡らせ、五感を磨くようにしているからだと思います。

たとえば、「あのデベロッパーと一緒に、この街で人づくりに貢献したい」とか、「世界中の子どもたちに、自分のつくった教育機関で学んでもらいたい」といったフレーズです。

自分のやりたいことをひと言でまとめきれなくても、まずはキーワードから見つけていくことをおすすめします。自分の将来のやりたいことに関連するキーワードをいくつか出し、それをつなげて一文にしてみると、かなり具体的になってくるでしょう。

次に、浮かんだフレーズを頭の中でビジュアル化していきます。先ほどの私の例でいえば、自分がつくった教育機関で世界中の子どもたちが笑顔で勉強したり、元気よく活動したりしている様子を思い浮かべてみます。すると、考えていたことを視覚化することで、「もっとこうしたいな」「これはちょっと違うな」「あんなこともやってみたいな」と、「未来」が立体化してくるのです。

こうして**頭の中から自分の「楽しい」「やりたい」を引っ張り出して、目の前にさらけ出し、それに向き合います。**

ただ、目標を立てるときには、注意しておきたいことがあります。

それは、「未来の自分」から「現在の自分」を見たときに、本当にそれをやり遂げられるか？　ということ。

あまりにも高すぎる目標を立ててしまうと、「今」とのギャップが開きすぎていて、自分自身の目標に疲れてしまうことになります。

第4章で詳しく説明しますが、**目標に疲れないためには、1年後の目標設定において130％程度の内容を計画すること**をおすすめします。そして、現在足りないことを書き出して、やるべき手段につなげていくのです。

「ワクワクする未来」に到達する近道は、こうして自分の将来を具体的に想像し、目標を持つことを「習慣」にすることです。すると、「未来」を常に意識できるようになるので、目標を実現しやすくなります。

実際、私は20年間、目標を設定し続けています。毎年元旦に計画し、その後、随時見直しをしていくのです。

将来を計画することがクセになっているので、計画を立てないと落ち着きません。この習慣により、いくつもの「目標」を「現実」に変えることができました。

ひとつ達成できると、またひとつ、今度は達成できた目標よりもレベルの高い目標を設定します。このサイクルを回し続けていくと、**「目標」が自分を引き上げてくれる**という感覚を味わうことができるでしょう。

マシュマロ・チャレンジから得られる教訓

ここまでで、「目標」を持つ大切さはご理解いただけたかと思います。ここで気をつけたいのが、なりたい自分になるための「目標を見失う」ことです。組織や自分がどの地点に向かって歩みを進めているのかを、常に確認する必要があります。

私は、人材育成の研修講師もしていますが、そこでの「目標を見失う」例をお伝えしましょう。

私が研修の中で実施するプログラムのひとつに、「マシュマロ・チャレンジ」というゲームがあります。

乾麺のパスタ、テープ、ひも、マシュマロを使って、「マシュマロをもっとも高くパスタの塔の上に置くこと」ができたチームが優勝です。

ルールは次の通りです。

1：制限時間は18分間
2：パスタでつくった塔の上にマシュマロを置くこと（パスタにマシュマロを刺してもOK）
3：足場をテープで固定するのはNG
4：パスタ、テープ、ひもは切ったり、貼ったりしてもOK
5：マシュマロを切ることはNG

1-4●実際の「マシュマロ・チャレンジ」中の一場面

18分間でテーブルの上に自立可能なパスタの塔を立て、高さを競います。塔の頂上にはマシュマロを配置しなければなりません

6：全チームが計測し終わるまで、自立していなければ記録とはならない

研修では、複数チームに分かれてこのチャレンジをしてもらいます。世界記録は約90センチだと伝えると、みなこぞって「高い塔」をつくろうとします。そして、そのてっぺんにマシュマロを置いたとたん、塔は崩壊してしまうというパターンがほとんどです。

なぜこうなってしまうのか。それは、**目標を見失っているから**です。このゲームの目標は、**「マシュマロを高いところに置くこと」であって「パスタの高い塔をつくること」ではありません。**正しい目標を見失っているために、正しいアプローチができずに、塔が崩れてしまうのです。

成功するチームの多くは、ゴールのマシュマロを下に置きパスタを刺すところから始め、そこから組み立てていきます。このようにゴールからスタートを見る、つまり、「Goal to Start」を意識することが、成功の秘訣のひとつです。


余談ですが、このゲームが一番得意なのはどういう人だと思いますか？　第1位は建築関係者。これは、想像がつきますね。しかし、2番目に得意なのはなんと、幼稚園生なのです。子どもたちは、目標の遂行に向けて純粋に取り組みます。人に忖度することや余計な権力闘争はありません。

一方、大人の場合、〝マシュマロ・チャレンジ株式会社〟の社長のような人が出てきたり、余計な人間関係を気にする人が登場します。18分しかないのに、計画や役割分担の話し合いに時間をかけすぎてしまい、10分後にようやく行動に移すチームもあります。

ようやく塔が完成し、いざマシュマロを置こうとしたら失敗して時間切れ、というパターンも少なくありません。

しかし幼稚園生は、邪心がないので、主張や忖度をする前に、「マシュマロを高いところに置く」という目標を常に意識し、何度もチャレンジするだけです。だから成功する可能性が高いのです。「今、チーム全員が実現可能だと思う目標を設定し、共有する」状態にあるといえるでしょう。

ゴールから考えることの大切さ

「Goal to Start」を意識すれば、以下の3つが身につきやすくなります。

①やるべき手段が明確になる
②時間（期限）内にやろうとする
③優先順位がつけられる

マシュマロ・チャレンジはそもそもチームビルディングが目的なので、仲間の「強み」を引き出し、「信頼」と「協力」の大切さを感じてもらうことはもちろんですが、**「目標をしっかり認識すること」**、そして**「Goal to Startの感覚を持つこと」**も大きな狙いです。

何をするにしても「この目標は何なのか」と、その都度、目標を愚直に見返すことで、軌道修正ができ、正しいアプローチができるようになります。

仕事でも勉強でも、何かをやっているうちに、ふと、「なぜ自分はこうしているのか」と、迷いが生じてしまうこともあるでしょう。そうしたときには、「そもそもの目標は何か」を再確認してください。そうすると、「今自分はどうすべきか」が再び見えてくるはずです。

Goal to Startを意識すること、つまり、**ゴールをイメージすることが、より早く正しく目標達成を引き寄せる**のです。

「ゴールから考える」ことによって成功した代表例が、元メジャーリーガーのイチローさんです。彼の小学校時代の作文はあまりにも有名です。「僕の夢は、一流のプロ野球選手になることです」という冒頭に始まり、現状分析から達成するための手段まで、克明に書かれています。

先日イチローさんに、ある子が「出る杭は打たれるといいますが、打たれたら実際、どうすればいいですか」と聞いたとき、彼は「もっと出ろ」と回答しました。

通常であれば、打たれたら後悔するか、後悔しなくとも、「この辺でいいか」と妥協することでしょう。ところがイチローさんは、さらに出ることをすすめています。そんなところにも、彼の「超未来志向」を感じます。

ここで私が強調したいのは、イチローさんに限らず、成功する人は「未来を見ている」こと、そしてそのための「手段」を考え、「実行」し続けているということです。**明確な目標があると、人はがんばることができる**のです。

目標の中身やレベルは、それぞれ個人差があって当然でしょう。しかし、「目標」を「現実」にするための「超未来志向」は、私たちにとっても参考になるはずです。

目標を持たない人生は「損」である

私が「目標を持つことの大切さ」を力説するのは、やや乱暴な表現かもしれませんが、「人はかなりの確率で長生きする」と考えているからです。

日本は2007年に高齢化率が21％を超え、「超高齢社会」となりました。現在30歳の人が75歳になる2065年には、人口の約25％が75歳以上、平均寿命は男性84・95歳、女性は91・35歳になるというデータもあります(平成30年版高齢社会白書・内閣府)。

簡単にいえば、寿命が延びるということになります。すなわち、「将来」「未来」が長いわけです。ですから、将来の目標を立てたほうが、長い人生を有意義に過ごせるといえるでしょう。

少し前、「老後に2000万円必要」という金融庁の審議会の報告書が話題になりました。話題になったのは、それまで多くの人は、そんな未来を想像したことがなかっ

1-5●現代人は、ほぼ90%以上が65歳まで生きる

対象年齢	生きる確率（男性）	生きる確率（女性）
64歳まで	90.64%	96.05%
65歳まで	89.70%	95.70%
66歳まで	88.62%	95.28%
67歳まで	87.41%	94.81%
68歳まで	86.05%	94.30%
69歳まで	84.54%	93.71%
70歳まで	83.06%	93.06%
71歳まで	81.56%	92.40%
72歳まで	79.90%	91.65%

（出典：厚生労働省／令和元年簡易生命表より作成。対象年齢まで生き延びられる確率を全量分析）

今30～50代の方は70歳以上までは、高い確率で生きることができます。つまり、将来の目標を立てたほうが有意義な人生を過ごすことができるのです

たことからくる驚き、あるいは、勝手に金額を決められたことに対する反発からだと私は推測しています。

逆にいえば、自分で老後をしっかり計画している人は、政府に「２０００万円」といわれても、軽く受け流しているかもしれません。２０００万円は人が決めた数字であって、自分がいくら必要かは自分の将来のライフプランによるのですから、とやかくいわれる筋合いはないわけです。

だからこそ、私は、目標設定の大切さを伝えたいのです。

極論をいえば、**「未来が想像できない」「目**

標を持てない」ことは、「損得」でいえば人生において大きな「損」です。人は、できるだけ損を避けたいもの。ぜひ、「損せず得をしたい！」という思いで、目標を持って生きるべきです。

一方で、行動は「善悪」の価値感を持って行うことが大切だと思います。

人生は、意志決定の連続です。その決定時に「損か得か」ではなく、自分にとって、あるいは周囲や社会にとって「よいことか悪いことか」で判断するべきでしょう。

そして、その「善悪」を判断するためには、自身の「行動哲学」を持つことが重要なファクターとなります。この行動哲学については、第3章で詳しく説明します。

3つのルールを実践すると人生が豊かになる！

以上、私の「目標」に対する思い、考え方の軸を紹介しました。

次章からは、目標を現実に変えるために、事例を踏まえながら、「はじめに」で記した以下、3つのルールを提案していきたいと思います。

ルール1　時間管理をする（詳しくは第2章）
ルール2　行動哲学をつくる（詳しくは第3章）
ルール3　短・中・長期目標をつくる（詳しくは第4章）

私自身、現在も試行錯誤しながら、このルールを実行している最中です。しかし、先にお伝えしたように、私が取り組んできたこと、続けてきたことによって、**目標をどんどん現実に変えてきました。大きな「目的」に近づきつつあるという実感がありますし、何より人生を本当に楽しむことができています。**

また、これまでに私がコーチングをさせていただいたみなさんからも、この3つのルールを実践することで「人生がいきいきと楽しくなってきた」という声が多く寄せられています。

ぜひ、みなさんもチャレンジしてみてください。

01

SPECIAL INTERVIEW 成功者に学ぶ目標達成の法則

思い描くのは、〝目標の向こう側〟

撮影：美崎政雄

鈴木明子（すずき・あきこ）

1985年3月28日、愛知県生まれ。大学入学後に摂食障害を患い、03－04年シーズンは休養。翌シーズンに復帰後は09年全日本選手権2位となり、24歳で初の表彰台。翌年、初出場となったバンクーバー五輪で8位入賞した。14年ソチ五輪では2大会連続8位入賞。同年の世界選手権を最後に引退した。現在はプロフィギュアスケーターや振付師として活躍する傍ら、講演活動に力を入れている。

日本代表としてバンクーバー（2010年）、ソチ（2014年）と、2度の冬季オリンピックに出場した鈴木明子氏。選手の入れ替わりのスピードが速いフィギュアスケート界の中で、2014年の現役引退まで着実に階段を上っていった。いかに試練を乗り越え、目指すべき地点に辿り着いたのか。「目標へのアプローチのしかた」について話を聞いた。

聞き手／石井大貴
構成／江頭紀子

〝終わり〟が見えて、初めてゴールの設定ができた

私は、10代の頃はまったく計画が立てられませんでした。たとえば、アスリートにとってオリンピックは一番目標とすべきことですが、それに向かって「今、自分が何をしなければいけないのか」を考えることができなかったのです。

むしろ、6歳でスケートを始めたときから、「試合で1位をとりたいから」というより、ただ単純に好きで続けていたら、だんだんと結果が出てきたという感じでした。ひとつずつ扉を開けていったら、次が見えてきたのです。

ところが、18歳のときの摂食障害で、一度、競技から離れ、復帰してから「フィギュアスケートの選手生命は長くない」と気づきました。そこで、「どんな自分でありたいか」「どういうキャリアで終えたいか」をリアルに考えられるようになりました。**先が見えたときに、初めてゴールを設定することができたのです。**

これは〝必ず限りがある〟人生においても一緒だと思います。未来をリアルに感じたとき、ようやく、見たくなかった自分、弱い自分に寄り添えるように

なり、そこで〝目標〟というものをしっかり見据えられるようになるのではないでしょうか。

目の前の目標の扉をひとつずつ開いていくのと、ゴールを設定してから向かっていくのと、どちらも経験した私からすると、目標達成という意味では、1年でも、5年でも、10年でも、きちんとゴールを見据えて動いたほうが、実現はしやすいと思います。

〝目標よりも少し先の未来〟を想像するとがんばれる

私は目標を長くとらえるのが苦手だったので、出場した2回のオリンピックとも、ちゃんと見据えられたのは1年前からでした。

ただ、「1年後にここに出るんだ」と決めたときには、オリンピックの舞台に立つことをかなり具体的にイメージできるようになりました。自分が演技をしたあとの感情や周りの反応、会場の空気感……それらが、リアルに想像できるところまで、気持ちを持っていくことができたのです。

このように、〝目標よりも少し先の未来〟を想像することを、私は**「目標の向こう側」**と表現しています。そして、目標を達成したら、「自分にどんな喜びが得られるのか」「応援してくださる方たちが、どう喜んでくれるのか」を具体的に想像します。**その喜びのためだったら、苦しいときもがんばることができるのです。**

「目標の向こう側」は、すべて想像でしかないのですが、このイメージを豊かに持てれば持てるほど、自分にも期待できるし、ワクワクできる。この〝イメージする力〟は大いに利用すべきだと気づきました。

ともすれば、「失敗したらどうしよう」と、悪いことも想像しやすいし、自分だけだと感情的になりがちですが、そこにリアル感のある〝人の喜び〟を想像できれば、困難も乗り越えることができます。周りの人たちを喜ばせれば、自分も喜ぶことができる――。そんな、好循環をイメージするのです。

もちろん、「悔しさ」をバネにがんばることができる人もいますし、私にもその気持ちもあります。ただ、悔しさだけでものごとを成し遂げた場合、何のためにがんばっているのか、という気持ちが残ってしまいがちです。これでは、ずっとやり抜くことは難しいかもしれません。

仕事も同じで、たとえば「このサービスを提供したら、その向こう側でどれだけの人が便利になるか、どれだけの人が喜んでくれるか」ということが想像できれば、自然と実行する力が湧いてくるのではないでしょうか。

こうした想像力を持つには、普段から人を観察したりして、「こうすれば喜んでくれるんだな」と、素直に感じ取る力を磨くことが大切だと思います。

〝何のための目標なのか〟を見つめ直す

2013年の全日本選手権は、1年前に「結果がどうあれ、ここで選手としてのキャリアを終える」と、決めていました。

ちょうどその5年くらい前から、元旦に必ず1年の目標計画をつくるよう指導されていました。まず将来の姿を書き、次に今年1年の目標を書き、1月、

2月、3月……と12月まで、その月に自分がやらなければならないこと、それを達成したときにどういう結果が得られるのかを書いていました。

私は自分自身に自信を持てるタイプではなかったので、目標も控えめでした。しかし、その年の1年の目標には「全日本選手権優勝」と書いたんです。初めてのことでした。

そのとき想像したのは、ずっとサポートしてくれていたコーチたちに「この子を教えてきてよかったな」と思ってもらうことでした。ものすごく厳しかったコーチたちを、何とか泣かせたくて（笑）。

ところが、いくらがんばっても空回りが続く〝スランプ状態〟に陥ってしまい、直前は泣きながら練習していました。でも最後の1週間、本当に基本的な練習に集中したことが突破口になったのです。ジャンプなら半回転の練習から見直すなど、すべての基礎確認を1週間かけてやっていきました。

そのとき一番大事だったのは**「自分が何のために、この目標を達成したいのか」ということの再確認**だったと思います。人は追い込まれているときは、それが見えなくなります。そこをシンプルに、「今、どうしてこれがやりたいのか」と見つめ直すことができました。それで、もう一回覚悟が決まり、結果として全日本選手権優勝という結果が出たのだと思います。

今の目標は、プロフィギュアスケーターとして良いパフォーマンスができる限り、自分のベストを尽くし続けていくこと。そして、学校や企業で講演することが多いので、自分の経験をきちんと言葉にできるようにしていくことです。伝えるスキルを磨き、少しでも多くの人の夢を叶えるお手伝いをできたら、と思っています。

インタビューを終えて

鈴木明子さんとお話をしていると、アスリート・表現者の中でも特出した「想像力」の持ち主だと感じます。それゆえ、ネガティブな想像に陥ることもあったのかもしれません。しかし、「自分の喜びの先に他者の喜びがある」という本質に気づき、ご自身の考えや目指す先に自信が持てるようになったのではないでしょうか。「人間の生きる価値そのもの」を感じることができました。

第2章

他人や環境に振り回されない！「時間管理」の方法

時間は意図的につくり出せる

この章では、**「目標」を「現実」に変える1つ目のルールである時間管理の方法**について説明していきます。

漫画『ドラゴンボール』に登場する「精神と時の部屋」をご存じでしょうか。この部屋に入って1日修行すると、1年間365日分のときが流れ、驚くべきレベルアップが可能になるという部屋です。

私がプロ野球選手に実施している研修で、選手たちに「こういう部屋があったら利用したいですか？」と聞いたところ、全員が「使いたい」と即答でした。1日間で1年分のトレーニングができるのであれば、ぜひ使いたい、と思うのも当然でしょう。

もちろん、実際にはそんな部屋は存在しません。けれども、考え方次第、あるいは自己管理のあり方次第では、「ムダな時間」をなくして「有益な時間＝自分の時間」を増やすことは可能です。

よく「時間がない！」と口グセのようにいう人もいますが、そういう人は、はたして本当に時間がないのでしょうか。もしかしたら、**周囲に振り回されて、自分の時間を見失っているだけかもしれません。**

1日は、誰にでも平等に24時間与えられています。その中で、人に左右されない「自分の時間」をいかに生み出し、過ごせるかが大切です。

「自分の時間をつくることができる」ということは、すなわち「自己管理ができている」といえます。自分で自分をしっかり管理することができるから、時間管理もできるのです。

たとえば、「毎日朝5時に起きて語学の勉強をする」と目標設定した人が、「まあ今日くらい、いっか」と、3日連続でさぼってしまったりしたら、それは自己管理ができているとはいえません。

自己管理、時間管理ができず「ムダな時間」ばかりが多い状態だと、目標達成は遠のいてしまいます。そこで、ここからは**「自分の時間をつくる」ための考え方や具体**

的な実践法をご紹介します。

目的のない時間は「ムダ」である

「有益な時間＝自分の時間」をつくるための具体的な手法をご紹介する前に、そもそも「ムダな時間」とはどういうものなのか、考えてみましょう。

その定義は、人によってさまざまですが、私は大きく2つあると感じています。

ひとつは**「目的のない」時間**です。

たとえば、ゲームの時間を考えてみます。やみくもに時間をつぶすためにゲームをやるのは「ムダ」ですが、自分自身のリラックスのために1日15分ゲームの時間を設けるのなら、それは〝目的〟があるのでムダではないと考えることができます。

「寝る」ことも、睡眠時間をしっかりとることは健康維持につながるので、ムダな時間ではないといえます。ただし、惰眠をむさぼるのは、ムダな時間になってしまうでしょう。

ついつい時間をとられてしまいがちなSNSも、情報源として自分にとって有用であれば〝目的がある〟といえますが、だらだらとツイッターを見てしまい、気づいたら1時間経っていた……となれば、これはムダな時間でしょう。

さらにいえば、「行動」や「お金の使い方」「会議」なども「目的がない」ものはムダだといえます。何ごとにおいても、**ムダかどうかを判断するには、「目的があるか・ないか」**で考えるべきではないでしょうか。

人や仕事に左右される時間は「ゼロ」も同然

2つ目は、**「周囲に振り回されている時間」**です。これは、自分の意志で過ごしている時間ではなく**「我慢している時間」**ともいえます。

たとえば、学校生活、会社生活といった集団生活においては、とくにこの時間が多いのではないでしょうか。

集団生活をする上では、ある一定のルールがあり、それにしたがわないと処罰を受けることもあるでしょう。たとえば、会社に勤めていれば、始業は9時で終業は18時、昼休みは12時から13時まで、といったように就業時間に関する決まりがあります。

組織に属していれば、それを遵守するのが当然ですし、ルールにしたがっていれば文句はいわれません。ただ、私たち、とくに日本社会では、それに縛られることに慣れすぎてしまい、「自分の時間」という感覚が失われているように感じます。

最近でこそ、自宅で仕事をし、自分で働く時間を決めることができる人も増えてきているようですが、本来、働く時間はもっと柔軟であってよいのではないでしょうか。

そうでないと、自分の時間をコントロールすることができなくなってしまう、つまり、時間を人や組織にコントロールされてしまう恐れがあるのです。これでは、時間の使い方に関して主体性を失ってしまうのは当然です。

大胆な提案かもしれませんが、たまには、人に迷惑をかけない範囲で嫌な仕事や付き合いは断って旅行に行ってみるくらいのことをしてみてはどうでしょうか。そうすれば、じつは、**「時間は自分でコントロールできるものだ」**と至極当たり前のことを実感できるかもしれません。

第1章で「〝過去〟はコントロールできないが、〝今〟はコントロールできる」とお伝えしたように、「他人」や「社会環境」以外の「自分」のことであれば、いくらでもコントロールすることが可能です。やろうと思えば、私たちの時間は自由にコントロールできるのです。

それなのに、「周囲の目があるから」あるいは「本当はやりたくないけど」と、人や仕事に左右されている時間は、自分の時間とは呼べません。結果的に、「ゼロ」も同然だと考えています。

時間は「自分のもの」、我慢する必要はない

ここで、「時間は自分でコントロールできる」という例を紹介したいと思います。

これは自分自身の話ですが、サラリーマン時代、私は仕事のある課題に直面して行

き詰まってしまいました。

そこで、思い切って大学院の修士課程に入学し、学術的な面から問題を解決しようと考えました。早速、理解ある上司に「自分にとってだけでなく、会社にとっても価値のある研究をしますから行かせてください！」と持ち掛け、無事認められました。そして半年間、大学院の単位をとるために勤務時間を変えてもらったのです。

午前中は大学院へ行き、13時から22時までが勤務時間という私だけの「超フレックス」ともいうべき特別措置です。このときの上司には、今でも足を向けて寝ることができません。

その後、博士課程まで進みましたが、この頃になると勤務にはあまり支障がないよう、自分で論文を書く時間をやりくりしました。その結果、仕事に関する研究で博士号を取得することができたのです。

本当に命を燃やして「絶対にこれをなんとかクリアしてやろう」と思ったら、**自分がコントロールできる時間は意地でも生み出せる**はずです。

このことは、仕事に置き換えても同じで、「最高の企画書を仕上げたい」と思ったら、時間を忘れて取り組むでしょう。次の日も、朝、起きた瞬間からワクワクして仕事に取り組めるはずです。

しかし、そうではない仕事の場合は、朝起きるのが億劫になります。つらかったり、おもしろくなかったら、積極的にやろうとはしませんよね。

逆に朝起きられなかったり、自分で時間を捻出しようとすることができないのであれば、「自分はこの仕事をおもしろくない、つらいと感じているんだな」と気づくことができます。「やらない」ということは、**結局「やりたくないからやらない」**のです。

それなのに「我慢してやっている」のであれば、人にとってどうであれ、自分にとっては「ムダな時間」といえるのではないでしょうか。

時間は「自分のもの」であることを改めて、思い出してください。時間は自分のためにこそ、最優先で使うべきものなのです。

「やりたくないこと」をいっきに終わらせる技術

これまで述べてきた、2つの「ムダな時間」は、身に覚えのある人も多いのではないでしょうか。

「目的のない時間」「周囲に振り回されている時間」をなくせば、その分「自分の時間」は増えます。とはいえ、人生には、やりたくなくても、やらなくてはならないことが多々あります。その場合はどうすればよいのでしょうか。

たとえば、ベストパフォーマンスを発揮できる時間帯に集中して、かつ、〝やらなければいけない環境〟で、まとめてやってしまうという手があります。

会社員時代の私自身がそうでした。自分がゆっくり考えたかったり、本当にやりたい企画書をつくったりするのは自宅でやって、あまり気が進まない単純作業の多い事務的なことは、会社でやっていました。

「やりたくないことは、あえてまとめてやってしまう」ことで、自分のコントロールできる時間を増やすことができるのです。

また、「在宅勤務だと仕事ができない」という人もけっこういらっしゃいます。ですが私にいわせれば、「仕事ができない」のではなく、「やりたくないから仕事ができない」のではと感じます。

私も自宅で仕事をしていますが、やると決めた時間の途中で、ほかのことをすることはほとんどありません。なぜなら、すべて「やりたい仕事」だからです。**その仕事がやりたくてしかたがないので、それに集中できる**のです。

しかし、どうしても「やりたくない」「気が進まない」こともあると思います。そんなときは、締め切りや期限ギリギリまで「あえてやらない」という選択をしてもいいでしょう。

思い切ってやりたくないことを「やめる」ということです。

「やらなければならない」環境になったとき、初めて集中して取り組めるようになるのではないでしょうか。

時間の使い方の「クセ」を把握する方法

人に振り回されている時間か、それとも自分自身でコントロールできる時間なのか。自分を客観視したい場合は、**「本当に、これは自分の本心で動いているのか？」**と自問自答するとよいでしょう。

「何のための時間か」という分野を考えるのもよいと思います。仕事、家庭、健康、趣味、子ども、学習、自己啓発、ボランティア……など、その分野のためにどのくらいの時間を使っているか、自分の意志によるものかどうか、それを整理することで、自分の時間の使い方の現状が見えてきます。

たとえば、「行きたくない」集まりや飲み会。行きたくないのに仕事のためと我慢して参加しているという人は、自分の意志ではなく他人に振り回されてしまっている人です。

一方、自分にとってはムダな時間だと思って上手に断り、行かないという選択ができる人は、ほかのことにおいても、他人にあまり振り回されることはないでしょう。

仕事においても、「ムダな時間」を排除する働き方ができる可能性が高いのではないでしょうか。

我慢して嫌なことばかりやっているような時間の使い方をしていたら、目標に到達することはできません。

他人に振り回される時間から、「自分でコントロールできる時間」の使い方にシフトしていくことが大切なのです。楽しいこと、自分がやりたいことに集中する時間を増やしていくことで、**「やればできる」という自己肯定感が身につくとともに、自然と目標に近づいていく**ことができるはずです。

自分を変えるために「影響の輪」を意識せよ

「自分がコントロールできること・できないこと」を考える上では、スティーブン・R・コヴィー氏の名著『7つの習慣』に登場する「関心の輪」「影響の輪」という考え方

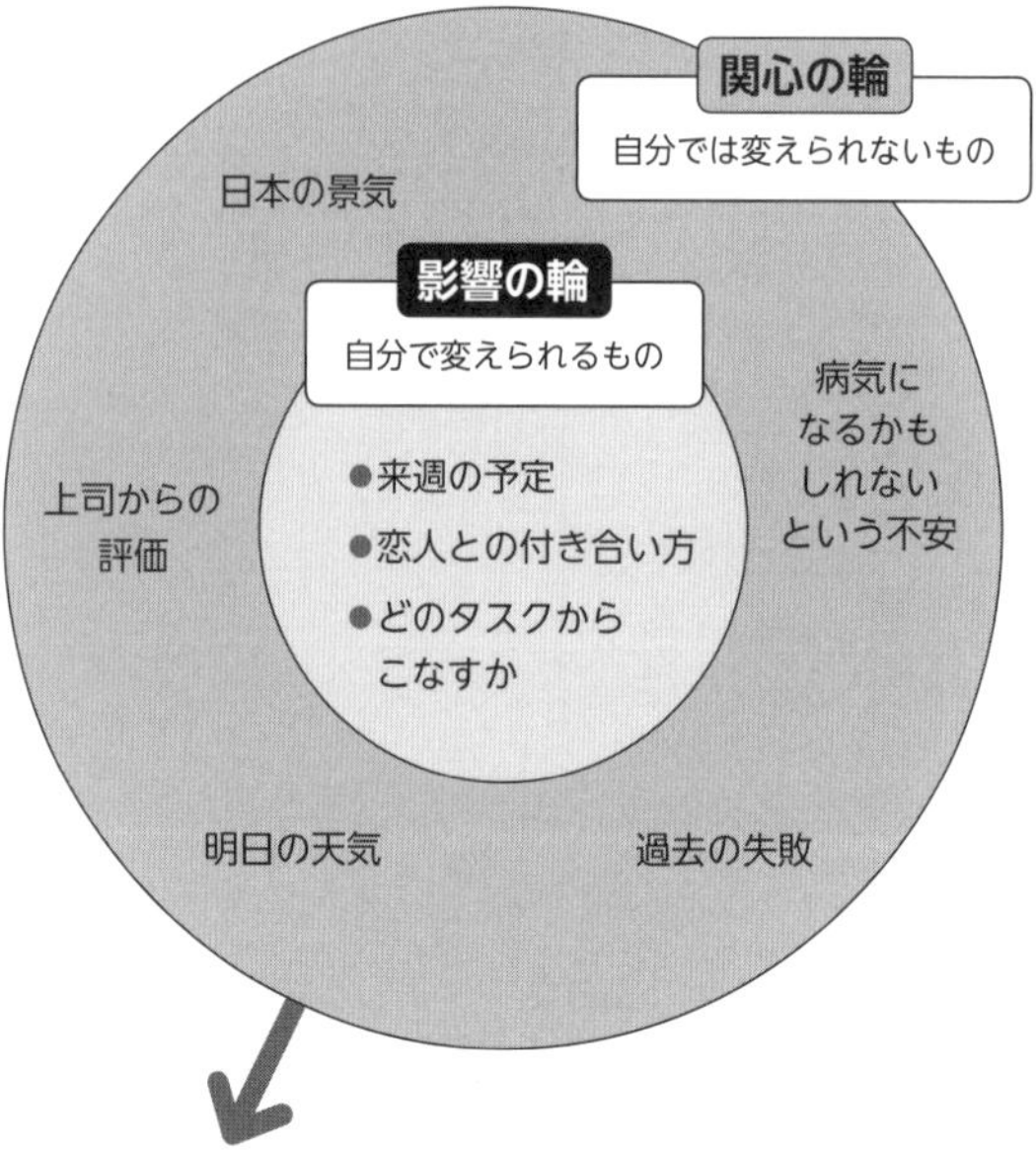

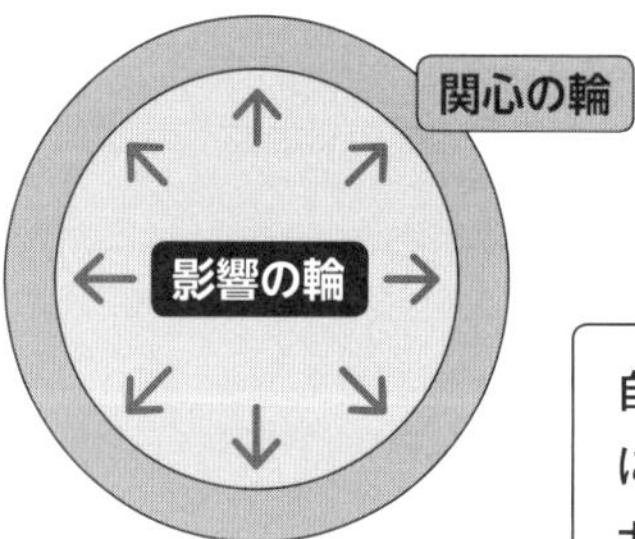

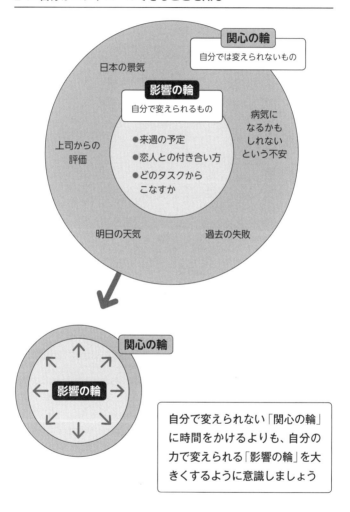

自分で変えられない「関心の輪」に時間をかけるよりも、自分の力で変えられる「影響の輪」を大きくするように意識しましょう

が参考になります。

「関心の輪」とは、自分にとって関心のあるものごとで、たとえば「過去の失敗」「上司からの評価」「景気の動向」「明日の天気」などです。

この「関心の輪」にあるもののうち、自分で変えられるもの、つまり自分が影響を与えられるものごとを「影響の輪」と呼んでいます。たとえば、「今日やるべきこと」「自分の営業成績」「来週の予定」などです。

「関心の輪」の中にあるけれども「影響の輪」には入っていないものごとは、自分では変えられないものです。ここにどんなに時間やエネルギーを注いでも、変わらないということになります。

であれば、この自分ではどうにもならないことに、**いつまでも悩んでいたり後悔したり、怒ったりする時間は、すべて「ムダな時間」**なのです。

ところが人間というのはおもしろいもので、この「自分では変えられないこと」に、時間とエネルギーを注ぎがちです。

「自分では変えられないこと」に時間とエネルギーを注ぐよりも、**「変えられること」に注力する、すなわち「影響の輪」を大きくするよう意識する**のです。それが、自分を変える第一歩となります。

「時間分析」で現状を「見える化」する

ここからは、「自分でコントロールできる時間」を増やすための、具体的な手法を紹介していきたいと思います。

まずは、「時間分析」です。「ムダな時間」を減らすためには、**自分にとって何が「ムダな時間」なのかを、しっかり定義づける**必要があります。

すでに「目的のない時間」「周囲に振り回されている時間」が「ムダな時間」だと説明してきましたので、それを基準に「ムダかそうでないか」を振り分けてみましょう。

同時に考えるべきことは、「何のための時間（分野）か」です。

仕事、家庭、健康、趣味、子ども、学習、自己啓発、ボランティア、トレーニング、

2-2●時間分析のためのワーク

自分が昨日何をしたか、30分刻みで書き出してみましょう。

書き出した項目に対して、「ムダ(目的ナシ)」「仕事」「家庭」「趣味」「学習」のどれに該当するか、○を書き込んでいきます。そして、「ムダ(目的ナシ)」「仕事」……ごとに、費やした時間を集計します

時間	何をしたか？	ムダ	仕事	家庭	趣味	学習
6:00						
6:30						
7:00						
7:30						
8:00						
8:30						
9:00						
9:30						
10:00						
10:30						
11:00						
11:30						
12:00						
12:30						
13:00						
13:30						

⬅ 68ページに続く

＊各分野は一例です。自分で書き換えて構いません

2-2●時間分析のためのワーク

⬅ 67ページより

時間	何をしたか？	ムダ	仕事	家庭	趣味	学習
14:00						
14:30						
15:00						
15:30						
16:00						
16:30						
17:00						
17:30						
18:00						
18:30						
19:00						
19:30						
20:00						
20:30						
21:00						
21:30						
22:00						
22:30						
23:00						
合計						

＊各分野は一例です。自分で書き換えて構いません

介護、子育てなど、その行動は何のためにしているのかを分析するのです。

そのためには、右の「ムダな時間を見つけるワーク」に取り組んでみましょう。すると、「1日のうち、何のためにどのくらいの時間を使ったか」が見える化され、自分が現在、どんなことに比重を置いていて、今後、**どこにどのくらいのバランスをとってやるべきかが、具体的にイメージできるようになります。**

「重要な2割」から取り組むことが大切

「時間分析」をすれば、「自分は何のためにどれくらい時間を使っているのか？」「ムダな時間は何か？」が見えてきます。「ムダな時間」がわかったら、明日からその時間を排除すれば、その分、自分の時間が増えます。

ただし、それだけでは不十分です。より自分らしい時間の使い方をするには、やることに優先順位をつける必要があります。

具体的には、「ムダではない時間」で、何を実行するかをリスト化し、そのタスク

2-3●パレートの原理とは？

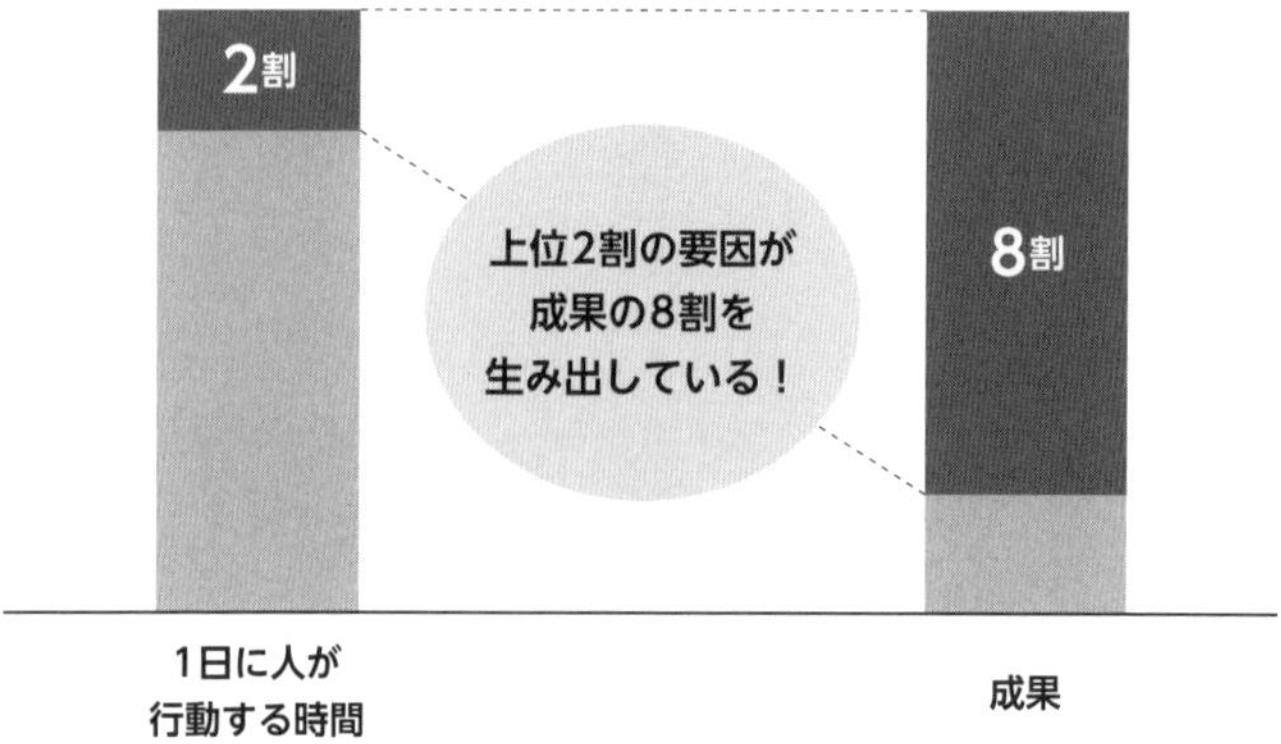

に優先順位をつけていきます。**優先順位をつけたら、「重要な2割」から取りかかります。**

これは、「パレートの原理」にのっとった考え方です。この原理は、イタリアの経済学者ビルフレッド・パレートが提唱したもので、「80対20の法則」ともいわれています。

たとえば、アリは、集団のうちの20％が食べ物の80％を集めてくる。ビジネスにおいても、売上の80％は20％の優良顧客によってもたらされている、という考え方です。

このように、世の中のあらゆるものごとは、この原理に準拠している場合が多いものです。また、それは時間の使い方についても同じことがいえます。

つまり、優先順位の高い「重要な2割」のタスクから取り組むことが重要で、その結果、大きな成果を生み出す可能性が高まります。

ところが、その優先順位の高い「重要な2割」がわからないと、何から取り組んでよいかわかりません。たとえば、打率を上げたい選手が、時間をかけて飛距離を伸ばすためのウェイトトレーニングばかりしていても、それはその選手にとって「重要な2割」ではありません。

ムダな時間にならないためにも**「重要なもの」は何なのかを、まず、しっかり考え優先順位をつける**必要があります。

一つひとつを「満足するまで」やり切る！

ここからは、優先順位の考え方について説明しましょう。

たとえば、営業マンであれば、今日1日の仕事で生み出されるであろう「成果」を書きます。次に、「その成果のためにやるべきタスク」を5、6個書き出します。料金交渉、社内ミーティング、資料作成、メールチェック、アポイントの電話……といったことになるはずです。そしてその5つを並べてみたときに、優先順位の高いものから順番に数字を振っていきます。

そして、必ずこの順番で実行します。ここでポイントとなるのは、「ひとつのタスクに満足しないうちに次に行かないこと」です。必ずひとつのタスクを満足するまでやり切ってから、次のタスクに移ります。

ここではタスクのすべてを終わらせることが目的なのではなく、「ひとつずつ、きちんと満足いくまで終わらせること」が重要なのです。そうすると、優先順位の高いものから、しっかりと取り組め、それだけ成果も上がります。

私の経験上、優先順位を意識すれば、順位の低いタスクにかける時間は必然的に短くなりますから、効率性を重視して素早くさばく「クセ」を身に付けることができたと感じています。

営業活動に限らず、そうした試行錯誤をしながら、自分にとっての優先事項を明確にしていく。そして、その順位の高いものから徹底的に取り組みます。

本質的な課題に優先して取り組むことで、成果は十分に上げられます。**逆にいえば、成果の上がらないことに時間をかけなくてすむようになる**のです。

毎日の〝ルーティン〟で自分と向き合う

日々の〝ルーティン〟をつくって自分と向き合うことも、時間管理においてはおすすめの方法です。

読書やランニング、ヨガ、英語学習、ニュースチェックなど、なんでも構いません。1日に1時間などと決めて、毎日愚直に同じことを繰り返す時間をつくるのです。その効果は2つあります。

ひとつ目は、自分のために時間を使うことの楽しさ、快適さを感じることで、人やものごとに振り回されない習慣をつくることができるという点です。

私の場合は、毎日必ずストレッチをしています。この中で「今日は昨日より体がスムーズに動くな」「ちょっと硬くなっているな」というように自分自身と向き合って、日々のちょっとした変化を感じることを大切にしています。

日ごろ、誰かや何かに振り回されることが多いと感じている人は、**生活の中にルーティンをつくることで、「自分のための時間」という感覚を取り戻すことができる**はずです。

2つ目の効果は、**アイデアが湧いてきたり、新たな側面からものごとを見たりすることができる**点です。これは、おそらく自分のことだけに集中する時間だから生まれるものだと考えています。たとえば、日々の習慣として散歩をする中で考えすぎない範囲で思考を巡らせてみると、思わぬブレイクスルーが生まれたりするものです。

できれば、睡眠によって脳の疲れがとれている「朝の1時間」が理想ですが、人によっては昼間でも夜寝る前でもいいと思います。自分の生活スタイルにフィットする「1時間」の作り方を自分で編み出し、毎日のルーティンを実践してみましょう。

「1時間はとても難しい」という場合は、30分、いえ、15分でもよいでしょう。ほんの少しの時間でも、1日1回は、自分のためだけの時間を持つことをおすすめします。

2-4●自分はどの分野に時間を使っているのか？

67〜68ページで分析した、自分の時間の使い方の分野(仕事・趣味・家庭・ボランティア・介護・プライベート・子育てなど)のパーセンテージを円グラフで示してみましょう(第3章、103ページにて使用します)。

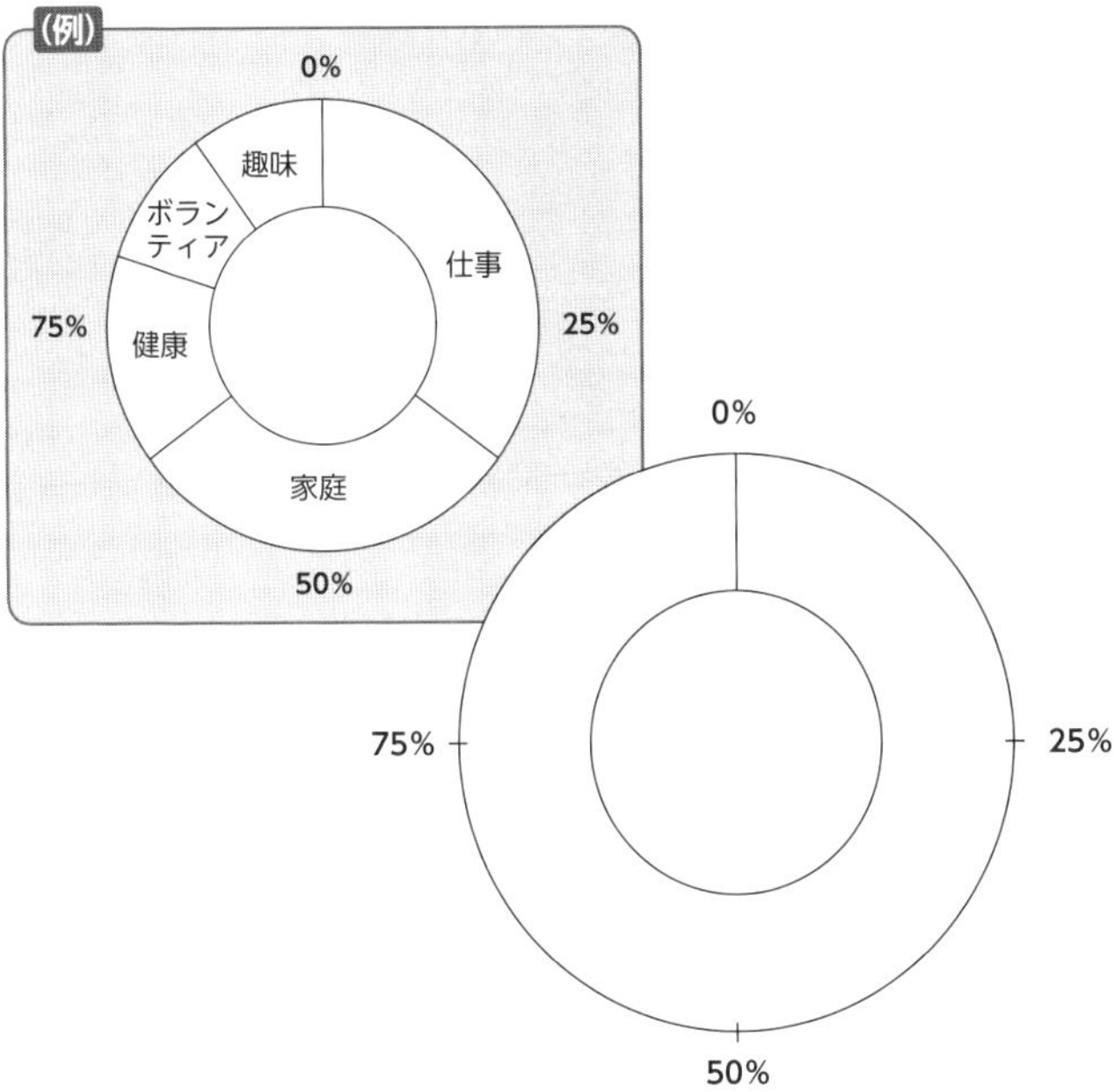

その上で、気づいた点や改善したいことなどを、「メモ」欄にそれぞれ書いてみましょう。

メモ

02

SPECIAL INTERVIEW 成功者に学ぶ目標達成の法則

目標達成のために〝やってはいけない〟3つのこと

冨田 勝(とみた・まさる)

慶應義塾大学先端生命科学研究所所長。同大学環境情報学部教授。生命科学者。情報科学者。人工知能など情報科学の応用技術をベースにした、ヒトゲノム解析やメタボローム解析など最先端バイオサイエンス分野の研究者・教育者。父親は作曲家の冨田勲氏。

バイオテクノロジーの世界的第一人者、慶應義塾大学教授の冨田氏は、2001年に山形県鶴岡市に開設した先端生命科学研究所の所長として、革新的なバイオサイエンスでブレイクスルーを産み出すとともに、6社のバイオベンチャー企業の誕生にも携わり、地方創生の立役者として国内外から注目されている。未知の領域に挑戦し続ける冨田氏に「目標への挑み方」について聞いた。

聞き手／石井大貴
構成／江頭紀子

目標とは〝戦術〟であり、柔軟に変えてよい

ゴール（目標）というのは、人生の目的のような大きなゴール、それを実現するための中ゴール、それを実現するための小ゴール……と階層があり、それぞれ段階を踏んで達成していくものだと思います。

この考え方を理解するために、少し視点を変えて生物の本能について考えてみましょう。

生物は〝個体維持〟（死にたくない）と〝種族保存〟（子孫を残したい）という、2つの本能を持っています。それに加えて、ヒトは社会性生物なので〝社会貢献〟（社会に貢献したい）という3つ目の本能も持っているはずです。

最初の2つの本能により、すべての人は「自分と自分の家族を幸せにしたい」という思いを持っています。若いうちは、これが人生における〝大目標〟となるでしょう。

しかし、年齢を重ねると3つ目の本能による「社会に価値を残したい」「他人

（社会）を幸せにしたい」という思いも強くなります。

この「社会に価値を残したい」が大目標だとすれば、「では、そのためには何をすればよいか」が中目標です。私の場合の中目標は「鶴岡で地方創生の成功例をつくりたい」「世の中を先導する若者を一人でも多く輩出したい」といったことになります。

さらに、「では、鶴岡で地方創生の成功例をつくるにはどうしたらよいか」を考え、そのためには「ベンチャー企業を成功させたい」、そのためには……というように、ある目標のさらに下の目標を考えていきます。

すなわち、**あらゆる目標は、そのひとつ上の目標を実現するための〝手段〟であり〝戦術〟**なのです。

であるならば、**ひとつの戦術に固執する必要はありません**。もちろん、「社会に価値を残したい」といった大目標は、根源的なものなので簡単には変わることはないでしょうが、その下の目標については、状況は刻々と変化しますから、むしろ柔軟に変えていくべきだと思います。

〝壁〟は低いところから越えよう

目標を達成するために、〝やってはいけない〟と感じていることが3つあります。ひとつ目は、**「〝高い壁〟を越えようとする」**ことです。「目の前に高い壁があったとき、〝逃げずに〟真正面から乗り越えろ」。そんな根性論的美徳によって、非合理的な努力を繰り返す人もいますが、結果を出そうとしたら、当たり前のことですが、壁は高いところからではなく、一番低いところを探して越えるべきです。

2つ目にやらないほうがよいと思うことは**「自分の目標を他人に吹聴する」**こと。目標を他人に宣言してしまうと、変えづらくなってしまうからです。前述の通り、目標は状況によって変えるべきですが、たとえば「○○で起業するのが夢だ」と公言して、もし叶わなかったら、「夢破れた」「夢をあきらめた」とネガティブにとらえられてしまいます。しかし、公言しなければ、実現しなくてもそれは「夢を変えた」だけなのです。

3つ目にやめるべきと思うことは、**「退路を断って自分を追い込む」**こと。「これ以外に道はない」という状況を作るために、自ら他の選択肢を放棄するのは、実に非合理的です。選択肢は多い方がいいに決まっています。

やるしかない状況に自ら追い込まないと力が出ない、というのであればそれ自体が問題なのであり、一流の人が超一流を目指すときには、けっしてそんなことはしないと思います。

どんな分野でも、トップの人たちは、自分を追い込むのではなく、〝どうやったら楽しむことができるか〟を考えて目標を達成しようとしているというのが私の実感です。

5年後は予想不可能、だからおもしろい

山形県鶴岡市に所長として着任してからの20年間で、いろいろなブレイクスルーがありました。

創業した『HMT』というバイオベンチャーが鶴岡市唯一の上場企業になったり、『スパイバー』というバイオベンチャーが、世界初の人工合成クモ糸素材で「青いドレス」を発表したり……。しかし、これらの出来事を5年前から予測できたかというと、まったくできていませんでした。思ってもいなかったことが、5年後に実現しているわけです。

ですから、**5年後を予測することはできないし、意味がない**と考えています。でも**だからこそ、おもしろい**のです。

偉業を達成するためには、人との出会いや偶然のめぐり合わせなど運不運もあり、何がどうなるかはわかりません。ですから、「自分が目指す道はこれしかない」と視野を狭めるのではなく、「もっといい道があるかもしれない」と常に意識して、アンテナを張っておくことが大切です。

『スパイバー』が量産化に成功したタンパク質素材は、石油非依存であり、廃プラスティック問題も解決します。枯渇資源に頼ることのないエコ素材の開発は、人類のために〝誰かがやらなくてはならないこと〟です。

儲けることを目的としたビジネスなら、利益が出なければ「失敗」ですが、『スパイバー』のように、社会のために誰かがやらなければならないことに挑戦するビジネスであれば、仮にうまくいかなかったとしてもそれは「正しい挑戦」「正しい失敗」であり、その失敗は称賛されるべきです。

人生は一度きりです。自分の人生を、社会的にも価値があるものにするためには、どういう道があるのかをよく考え、その過程で多くの「正しい失敗」を積み重ね、大目標に向かって、自分ならではの人生を実りあるものにしていってください。

インタビューを終えて

『目標とは、「人生の目的」に辿り着くための「戦術」である』――。やりたいこと、やるべきことを見つけ、使命感を持って生きることは簡単ではありません。しかし、冨田教授がいうようにヒトが本能的に他者のため、社会貢献のために生きようとする生き物であるなら、自分自身と向き合い、ゆっくり「目標」という戦術を作り上げることが大切なのではないかと思います。

第3章

ブレない自分をつくる「行動哲学」の原則

意志決定の根幹にあるものとは？

目標を叶えるための2つ目のルールは、「行動哲学」をつくることです。

この本を手にとってくださっている読者の方は、書店に並ぶたくさんの本の中から「この本を読もう」と決めてくれたからこそ、本書をお読みいただいているわけで、著者としてはとてもうれしく思います。

このように、人が何らかの行動をするときには、必ず「意志決定（決断）」がともないます。この意志決定には、「コーヒーを入れる」「映画を観に行く」など、日常の動作・行動レベルの小さな決断から、留学や転職、結婚のように人生を方向付ける大きな決断まで、さまざまあります。そのような大小の意志決定の積み重ねが、人生をつくっているのです。

この「意志決定」、私たちは1日にどのくらいしていると思いますか？　個人や条件によって差はありますが、一般的な平均値は９０００回とされています。ちなみに、まばたきは1万9000回、つばを飲み込むのは2000回だそうです。まばたきよりも少ないけれど、つばを飲み込むより多く、私たちは日々、意志決定を繰り返しているわけです。

では、その意志決定を、私たちはどのように行っているのでしょうか。多くの場合、それは「過去の経験」にもとづいていると考えられます。

たとえば、家を出るとき、どんよりした曇り空が広がっていれば、「今日はこれから雨が降りそうだな。傘を持っていこう」と考えるでしょう。

これは、「どんよりとした曇り空」であれば、「もうじき雨が降る」という経験を、過去にしているから「傘を持っていこう」という決断ができるのです。

もうひとつ例を挙げましょう。ある人からちょっと面倒な仕事を頼まれたとき、引き受けるか・引き受けないかの決断も、過去に「その人に頼まれたことをしてどうだったか」が、大きく影響します。

「面倒でもやってよかった」と思えれば引き受けますし、「引き受けなければよかった」と思ったのであれば、「今回は断る」という判断を下すことになるでしょう。ただし、「前回はうまくいかなかったけれど、今回は自分の工夫次第でなんとかなるかも」と思って引き受ける人もいるかもしれません。

どんな決断をしたとしても、それぞれの意志決定の根幹には「自分はこう思う」「自分はこうしたい」「自分はこうだから」という、**自分だけの行動する理由や基準のようなもの、すなわち「行動哲学」がある**のです。

普段、あえてそうしたことを言葉にして行動することはありません。そもそも、意識することすらないでしょう。私たちは、無意識に「過去の自分の経験」から、決断して行動しているのです。

ただ、無意識ではありますが、その自分の「行動哲学」こそが、自身の本質であるともいえます。

自分を自分たらしめる「行動哲学」を意識してものごとに取り組む。これを習慣にすれば、思いがブレることなく、自分らしくない行動で後悔をすることもなく、自身が目指すところに近づくことができるはずです。

自分が許せないと思ったことは何か？

「あなたの行動哲学は何ですか？」と聞かれても、普段意識していないのですから、多くの人は答えに窮してしまいます。

自分の行動哲学を見つけるには、過去を紐解いていく、とくに**自分にとって転機となったことを振り返ってみること**が近道です。

「転機」というと、「自分自身の人生が変わった瞬間」とイメージしがちですが、ここでは、必ずしも〝大きなターニングポイント〟という意味ではありません。あることによって、自分の譲れないことを知ったり、じつは知らなかった自分の内面について、気づきがあったりというような、今も記憶に残る〝感情の揺れ〟に近いものの場合もあります。

そのとき自分はなぜそう思ったのか、過去の自分を深掘りしていく。つまり、自分自身を知るための作業を繰り返していくのです。すると、そこから**自分の行動哲学の〝核〟となるキーワードが見えてきます。**

私は、その〝核〟となるものの**重要なファクターは、幼少期の頃の経験にもとづいていることが多い**と考えています。ですから、できるだけ幼少期にまで遡って考えてみることをおすすめします。

具体的にどう振り返るかというと、たとえば、「自分が許せないと思ったこと」、逆に「自分が心から喜んだこと」「自分がほめられたこと」などについて考えてみるのです。「自分が許せないと思ったこと」には、「自分自身が自分を許せなかったこと」「他人のことを自分が許せなかったこと」の2種類があります。

具体的にイメージしていただくために、私自身の経験をお伝えしましょう。

まず、「自分自身が自分を許せなかった」ことです。小学生の頃、私は電車通学をしていました。最寄りの駅から毎朝、近所に住む同じクラスのA君と待ち合わせをして学校に向かいます。律儀なA君は、毎日同じ時間と場所で僕を待っていてくれます。

僕が遅刻しても文句のひとつもいわず、一緒に登校してくれました。

当初は、クラスでも仲良しだったA君でしたが、高学年になると私とは仲間のグループが別々になりました。私は、A君と距離を置くようになり、駅での待ち合わせ時間に姿を見せない、もしくは気づかないフリをするようになりました。その後、何週間もA君は僕のことを駅で待ってくれていたと記憶しています。

心の中では「悪いことをしているな」という思いがありました。でも、きっかけを失い、結局、そのままA君に謝ることができずに卒業してしまったのです。後日、A君にこのことを告白し、謝りましたが、「申し訳なかった」という気持ちはずっと残っています。自分で自分を許せない出来事として、今でも時折思い出す話です。

本質的な価値観に気づかせてくれた瞬間

もうひとつの「他人のことを自分が許せなかった」経験も、小学生のときのことです。

それは、学校から帰宅時、駅に向かう途中の通学路でのことでした。前を歩いていた隣のクラスの同級生2人が私に気づいて振り返り、突然私に向かって「おまえ、俺たちと一緒に帰りたいんだろう？　一緒に帰らないからな」と言い放ったのです。

私はその瞬間、とてもムカッとして嫌な気分になりました。同時に、「自分は絶対に、こんなに人を不愉快な気分にさせるようなことはしない！」と心に決めました。おそらく、自分の思考とは明らかに異質なものに対する強いアレルギー反応が出た結果であり、このことが自分の本質的な価値観に気づかせてくれる瞬間となったといえるかもしれません。

大人になって振り返ってみれば、この2つの経験はどちらも、「友だちとのコミュニケーションの取り方」についてのものです。

当時はもちろん、コミュニケーションがどうこうと深く考えていませんでしたが、「申し訳なかった」という気持ちと、「ムカついた」という気持ちは、今でもずっと心に残っています。このときから、私はいつしか「人とのコミュニケーションを楽しくしたい、お互いにとって快適なものにしたい」ということを意識して行動するように

3-1 今までで一番許せないと思ったことは何か？

「自分が今までで一番許せないと思ったこと」「自分が今までで一番心からうれしかったこと」、それぞれについて、「出来事」とその「理由」を思い出して、書き出します。「仕事について」「生活について」など、分野ごとに考えても構いません

今までで一番許せないと思ったことは何か？	出来事	
	理由	
今までで一番うれしかったことは何か？	出来事	
	理由	

3-2●行動哲学を見つけるワーク

前ページのエピソードから見えてきたキーワードを3つ書き出します。この3つをつなげてみる、あるいは言葉を足しながら、ひとつのフレーズにまとめて自分の「行動哲学」をつくります

共通の キーワード	①
	②
	③

↓

行動哲学	

なりました。

この2つの体験が、私の今の「行動哲学」の〝核〟になっていると考えています。

同じように、「自分自身をほめたこと」「他人にほめられたこと」「心から喜んだこと」なども振り返ってみると、私の場合は、やはり、私が発信した何かでみんなが楽しんでくれたとき、とてもうれしくて、自分で自分をほめたくなったことが何度かあることを自覚しました。

そこから「人を楽しませたい。相手がハッピーだと感じるようなことをしたい」と、心の底から思うようになりました。

その思いは、小学生のときから、大学時代、社会人、そして現在に至るまで、変わることなく持ち続けています。それが、「自分が発するコミュニケーションによって、周囲の人たちをいつも幸せにしようと心がける」という、私の行動哲学となっているのです。

自分の「キーワード」を見つける方法

この私の例のように、「許せないこと」「うれしかったこと」などを振り返り、「なぜ許せないと思ったのか」「なぜうれしいと感じたのか」というように、**どんどん深掘りしていくと、自分の本質的、潜在的な価値観に辿り着く**ことができます。

すると、さまざまな情景や感情が自分の中によみがえってくると同時に、いくつかのキーワードが含まれていることに気が付くはずです。頭で思っているだけでなく、実際に紙に書いてみると、よりはっきりと見えてきます。

たとえば私の場合、「コミュニケーション」「人を楽しませたい」「人を悲しませたくない」「雰囲気をよくしたい」というキーワードが挙げられます。

これらの言葉をつないだり、言葉を足したりしていき、ひとつのフレーズにすると、自分が大切にしていることが浮かび上がってきます。

私の場合は先述の通り、「自分が発するコミュニケーションによって、周囲の人たちをいつも幸せにしようと心がける」というものです。このフレーズが、「行動哲学」と呼べるものではないかと思います。

私は、幼児教育事業を手掛けていますが、その仕事においても、この「行動哲学」を強く意識しています。子どもたちやそのご両親にハッピーになってもらうために、どんなサービスを提供すればよいのか？　行動哲学にしたがって考えれば、ブレずに、自分が正しいと思ったことに自信を持って突き進んでいくことができます。

仕事以外でも、趣味でテニスやゴルフをしたいと思うのも、「仲間といいコミュニケーションをとりたい」という行動哲学がベースにあるためです。

逆に、不安や疑問を感じたら、**「自分の行動哲学に合致したことか？」と自問自答します。**合致していなければ、その行動を控えるなどして軌道修正しましょう。

このように、**行動哲学は自分のすべての意志決定につながっています。〝人生の羅針盤〟の役割**を果たしているといえるでしょう。

思考のクセを知ることは、成長のチャンスである

行動哲学を知れば、自分が本質的に避けたい、あるいは、やりたくないと思うことが見えてきます。言い換えれば**「思考のクセ」を知ることができる――**。**これこそが、成長のためのチャンスなのです。**その理由は、2つあります。

ひとつ目の理由は、嫌な気分や状態にならないように、改善しようと自分で努力することができるからです。**本当に自分が心底やりたいことをやるため、自分がなりたい姿になるために、エネルギーを注げるようになる**でしょう。

この点について、もう少し具体的に説明していきましょう。たとえば私は、人とよいコミュニケーションをとりたいと思っているのにもかかわらず、人前で話すことがかなり苦手でした。学生時代は緊張して赤面もしましたし、ものを持った手がガクガク震えることすらありました。コミュニケーションを大切にしたいと切に願うのに、その場に立つと言葉や態度でうまく表現できないというネガティブ思考のスパイラル

に入ってしまうのです。

しかし、人前で恥ずかしかったことや緊張したことなんて、すぐに忘れてしまいます。自分だってすぐ忘れるのだから、他人なんて気にも留めないだろう、そう考えたのです。そんなことよりも、その場で多くの人に自分の考えや想いを伝えられなかったという後悔は一生残ります。こちらのほうが、耐えられないという重要なことに気がつきました。

そこで、二度と後悔しないように人前で話す際には、徹底的に準備をするようにしたのです。原稿を用意したり、キーワードを事前に書き出すことはもちろん、壁に向かって何度も練習したり、友だちや同僚の前でも予行演習を行いました。すると、伝えたいことはおおむね話せるようになっていきました。繰り返すうちに自己肯定感も高まり、人にもスピーチがよかったと評価されるようになりました。今では、人前で話すことは大好きなことのひとつです。

このように**行動哲学に照らし合わせて、今の自分を客観的に見つめれば、自分自身が願う姿になるために努力する方法が見えてくる**はずです。自分自身が変われば、周囲からの評価も変わり、人生も楽しくなることでしょう。

ネガティブな思考から「ポジティブ」を生み出す

思考のクセがわかることの2つ目のメリットは**「ネガティブな感情を利用して、逆にポジティブになれる場合もある」**という点です。

たとえば私の場合、人と気持ちよくコミュニケーションをとりたいので、楽しくならないだろうと予測できる場には行かないようにしています。楽しくないというのは、ネガティブな反応です。しかし、もし行きたくない気持ちに反して、私がその場に行ったとしても、おそらく周りの人たちも楽しくないでしょう。

逆に、ネガティブな感情が起こりそうな場に行かなければ、「自分が嫌な気持ちになる」ことを避けられますし、それによって周囲が「楽しくない」「おもしろくない」という気持ちになることもなくなります。その結果、よいことにつながるのです。

そう考えると、ネガティブに考えること自体、けっして悪いことではありません。むしろ、**それをベースにポジティブに考えることだってできる**はずです。

やっていることや考え方としては一見、ネガティブなことであっても、最終的にみんながポジティブになるのであれば、それはそれでよいのです。そのように考えて、**「ネガティブな感情になるのはしかたがない」と受け入れることも大事でしょう。**そう割り切ったら、もっと人生が明るく、楽しくなるのではないでしょうか。

ですから、自分を深掘りして「自分がどういう思考をしているか」を分析したほうがよいと考えています。行動哲学を見つける意味は、そこにもあるのです。

自分を「変える」のではなく「受け入れる」

スキルや能力は素晴らしい人でも、何かうまくいかなかったことで落ち込むと、「こんな俺じゃダメなんだ」「何でいつもこうなんだ」と考えてしまい、立ち直ることが難しい場合があります。

私がそんな人にアドバイスを送るとしたら、「それは〝しかたのないこと〟だから受け入れようよ」と伝えます。うまくいかない自分をどうしても受け入れられないという人は、自身の行動哲学に気づいていない、もしくは行動哲学を知らない人なのではないでしょうか。**大事なのは、「自分を知り、どんなときも受け入れる」こと**です。

とはいえ、自分のネガティブな感覚を受け入れるというのは、けっして簡単なことではありません。落ち込むこともあると思いますが、「またそんなことをしてしまって、自分って本当にかわいいいな」くらいに思えるようになったら、とてもラクになります。

私の場合、人にミスを指摘されたとき、たしかに機械的なミスの場合は謝ります。しかし、それが〝自分の判断（哲学）によって行動した結果〟生じたミスなのであれば、怒られたまま素直に受け入れ、心の中では「いつもそうなんだよな。それは自分の思考のクセだな」と考えるのです。

そうでないと、自分の意志や判断でやりたいことはできません。**また、そのほうが気持ち的にも落ち込まず、自分のやりたいことができるはずです。**

人付き合いは勇気を持って取捨選択する

本章の最後に、私が仕事で行動哲学を意識して取り組んだ例を紹介します。

私は、営業職のときに何名かの部下を抱えていました。多くの部下と信頼関係を築き、楽しく業績に貢献し、問題にぶつかればともに乗り越えてきたと自負しています。

しかし、部下の中にひとり、どうしても合わない人がいました。優秀だとは思うのですが、その人の言動を心の底から理解することができませんでした。お互いの関係がよくなる方法はないか？　相手の立場に立って考え、何度も努力しましたが、信頼関係を構築することは難しいという結論に達しました。相手の行動哲学を読み取った結果、「これはどうしても合わない」「違うな」と判断したのです。それ以来、無理に彼との関係をよくしようと努力することを諦めました。

すると、肩の荷が下りたとでもいうのでしょうか。非常に気持ちが晴れやかになり、迷いが消えました。そして、違うもの同士として割り切って、つかず離れずのちょうどいい人間関係が構築されました。

その後、チームの雰囲気もよくなり、目標に向かって足並みをそろえることができました。考えてみれば、行動哲学の〝核〟は幼少期にある可能性が高いので、おそらく彼とは、当時に体験したことや育ってきた環境が、まったく異なっていたのではないかと思います。

人との関係性で「合う」「合わない」とはよくいいますが、単純に「相性」の問題ではなく、もっと深い「行動哲学」に起因する「合う」「合わない」というものが、じつは、存在するのではないかと思います。

いずれにしても、**行動哲学に合わないミッションやタスク、そして「人との付き合い」について勇気を持って取捨選択をすることは、目標を達成するために大事な要素となる**のではないでしょうか。

3-3 自分の核である「行動哲学」を確認する

75ページで作成した円グラフを改めて書きます。その中心部に、92ページで作成した自身の「行動哲学」を書き入れてみましょう

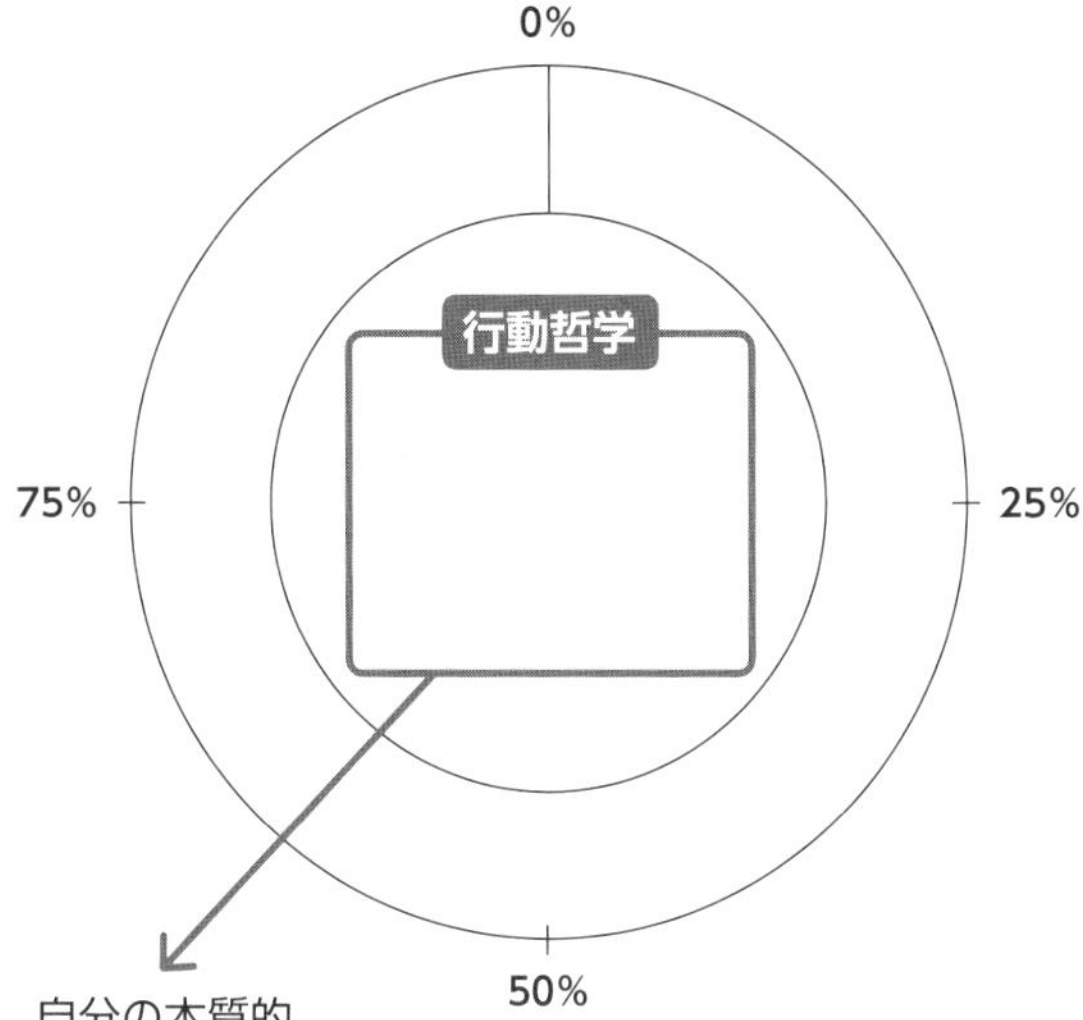

自分の本質的、
潜在的な価値観に辿り着く！

→ "人生の羅針盤"を手に、ブレずに目標に向けて努力することができる！

03

SPECIAL INTERVIEW 成功者に学ぶ目標達成の法則

数値目標なんていらない！目指すのは〝いい会社〟

塚越英弘（つかこし・ひでひろ）

伊那食品工業株式会社 代表取締役社長。
日本大学農獣医学部卒業後、CKD株式会社に入社。その後1997年に伊那食品工業に入社し、購買部長や専務を歴任、2016年から代表取締役副社長。2019年2月に代表取締役社長に就任、以降現職。

「いい会社をつくりましょう」という企業理念のもと、48期連続増収増益と成長し続ける伊那食品工業。数値目標などはいっさい設けず、社員の幸せの追求こそが利益を生み出すという考え方は、トヨタ自動車の豊田章男社長をはじめ、多くの経営者が心酔し、参考にしている。そんな伊那食品工業の社長である、塚越氏の「目標」や「人生の目的」についての考えを聞いた。

聞き手／石井大貴
構成／江頭紀子

〝自らつくる目標〟が〝幸せな人生〟につながる

私は、**目標とは「こうなりたい」「こういう人生でありたい」「今よりよくなりたい」というような、漠然としたもののほうがよい**と思っています。

仮に目標を明確に設定しても、状況は変わるものです。しかも、ガチガチに目標を固めてしまうと身動きがとれなくなってしまうことすらあります。一方で**「もっとよくなりたい」という思いは不変**です。そして、こうした向上心や希望や意欲は、誰にでもあると思います。

そう考えると、目標は状況や環境により〝変わるもの〟であり、目的は〝不変のもの〟といえるでしょう。

会社の目的、人生の目的は、〝よりよくなること〟、つまり〝幸せになること〟だと思うのです。

当社の企業理念は「いい会社をつくりましょう」ですが、私の思う「いい会社」とは、業績だけでなく、従業員や周囲の人が「〝なんとなく〟いい会社だな」「昨日よりもよくなっているな」と日々感じることができる会社です。
「きっと、今日よりも明日のほうが少しずつよくなっているな」と、働く人みんなが希望を持てる会社なんて、素敵だと思いませんか。

ところが多くの企業の場合、四半期や1年などの縛りをつけて、収益を上げるために従業員にいろいろなことをやらせます。
成長の度合いは一人ひとり違うので、人によっては5年かかる場合がありす。しかし、そういう場合も、無理にやらせようとします。無理にやらされた人ははたして幸せでしょうか。

そもそも、会社が目標を設定して、「ここに向かってがんばれ！」とお尻を叩くよりも、社員が意欲的になれる状況をつくってあげることが、経営者として大切だと考えています。勉強でも「やれ」といわれるとやる気が失せますが、逆に「やれ」といわれないと、しばらくすると不安になり、自らやり始めるものです。

ですから私は、**会社としての数値目標は設定しません**。ただ実際には、個人や支店で数値目標は設定しています。会社が指示してやらせるのではなく、自分たちでつくっているわけです。「指示されて行うこと」と、「自分で考え実行すること」では、やりがいが大きく異なります。

自分たちで考え、実行していくことが、**〝楽しく働けること〟や〝成長を実感すること〟につながり、幸せな人生になっていく**のではないでしょうか。

会社の目標と個人の目標は共存する

私自身、具体的に目標を立てることは苦手で、実際立てたことはありません。ただ、東京の上場企業で働いていた若い頃は、数値目標を設定し、それをクリアしようとしていました。会社にやらされていたわけですが、当時はそういうものだと思っていましたね。

しかし数年経つと、「こうした生き方は違うのでは」と違和感が生じるようになり、そのタイミングで母の病気がわかったので、故郷に戻りました。
当時社長をしていた塚越寛（現・最高顧問）の伊那食品工業にいきなり管理職として入社したわけですが、前職場とあまりにも違うことに驚きました。まず、書類がない。そして売上目標もない。「もっとちゃんと管理しなくちゃダメだ」と、その頃は思いましたね（笑）。

それでも、父の代から「業績や利益にとらわれず、従業員の幸せを考える」といわれ続けていたので、私もそういう思考になりました。ただ、そう頭ではわかっていたつもりでしたが、じつは心の底から理解できてはいなかったのです。
そんなとき、ある講演会で、父の考え方について鬼澤慎人氏（株式会社ヤマオコーポレーション代表取締役）が解説してくれたことがありました。当社をよく理解してくださっている外部講師の方の話を聴き、そこで初めて「これが進むべき正しい方向だ」と腹落ちしたことは、鮮明に覚えています。

私は、会社の目標と個人の目標は〝同じもの〟だと考えています。会社にいる時間も、自宅にいる時間も自分の人生の時間であり、切り離して考えることはできないからです。

会社でも家庭でも楽しく幸せに生活する。そういう人が集まると、楽しい会社になっていきます。もちろん、地域あっての会社なのですから、地域との共存共栄は当たり前だと思っています。

判断基準は〝社員が幸せかどうか〟

ビジネスをする上で困難なことにぶつかったら、数字で考えるのではなく、**「従業員や周囲の人たちにとって、それはよいことか悪いことか」で判断しています。**

企業が存続するためには売上も大事ですが、それだけではありません。売上や収益などの数字を上げることはひとつの通過点であり、お金は人を幸せにするひとつの道具に過ぎません。

そもそも企業は終わりがないのが大前提です。目標を設定してクリアしたらそれでいいかというとまた違います。

売上を第一目標に掲げなくても、社員が幸せそうに働いていれば、業績は自然とついてくる――。実際、当社ではその通りになっています。**日常生活で「幸せ」を感じることが何より大切だと思います**。幸いにも当社には、こうした考えが脈々と受け継がれてきました。それを引き継げるのは、とても幸せです。

目標といえるのかはわかりませんが、「いい会社をつくりましょう」という理念にしたがって、今のやり方で恒久的に会社を続けていく。それが、私の目指すところです。

インタビューを終えて

本社のある「かんてんぱぱガーデン」に一歩足を踏み入れた瞬間、その整然と美しく明るい光景から伊那食品工業がどれだけ人々と地域に愛される、優しい会社なのかが伝わってきます。最高顧問から塚越英弘社長に継承された社員の幸せを目指す「年輪経営」は、私たちがいつも忘れてはいけない、本質的な生きる目的や価値を照らし出していると思います。

第4章

達成のための6ステップ!「短、中、長期」目標の作り方

まず「将来なりたい姿」を思い描く

自分の行動哲学を明確にできたら、いよいよ**3つ目のルールである短、中、長期の目標をつくる作業に入りましょう。**計画を立てるには、以下の6ステップで考えることをおすすめしています。

①「将来なりたい姿」（ここでは仮に「10年後」とします）を思い描き、現状を客観的にとらえる
②なりたい姿と現状のギャップを分析する
③なりたい姿に近づくために3年後にどうなっているべきかを想像する
④3年後のために2年後にどうなっているべきかを想像する
⑤2年後のために1年後にどうなっているべきかを想像する
⑥この短・中・長期それぞれの時期にやるべきこと（プログラム）とスケジュールを考える

順を追ってご説明していきたいと思います。

まずは、第3章で作成した「行動哲学」に沿って、分野別（「学習」「仕事」「家庭」「奉仕」など）に、将来の「なりたい姿」「あるべき姿」を思い描きます（114〜115ページ参照）。

「なりたい姿」とは、3年では難しいかもしれないけれど、それ以上の長いスパン、たとえば、10〜15年後であれば現実に変えることができそうな目標と考えるとよいでしょう。仮に、事業を立ち上げ、フランチャイズを国内外で500店舗つくりたいと考えた場合、3年では難しいかもしれませんが、10〜15年あれば十分に実現可能だと想像できます。

私の場合は、「教育事業で北米に進出したい」「日本の教育を世界に広めたい」ということを思い描いています。2〜3年ではさすがに厳しいと思いますが、10年後であれば努力次第で実現できるのではないかと考えています。

目標を想像する分野は、第2章で分析した中で時間配分の高いものから取りかかりましょう。たとえば、「仕事」の時間配分が一番高ければ、まず「仕事」における「なりたい姿」を思い描きます。**1日のうち一番時間を使っている分野が、結局は人生を**

[順位① 仕事]（例）

将来なりたい姿（10〜15年後）

・教育事業で北米に進出したい
・日本の教育を世界に広げたい

[順位①　　　　　　　　　　　]

将来なりたい姿（10〜15年後）

[順位②　　　　　　　　　　　]

将来なりたい姿（10〜15年後）

目標は時間配分の高いものから優先して考えます。同様に、順位3〜4についても書き出してみましょう

4-1●「将来なりたい姿」を思い描こう

行動哲学に沿って、将来なりたい姿を思い浮かべます。以下の例を参考に、10～15年後をイメージしてみましょう

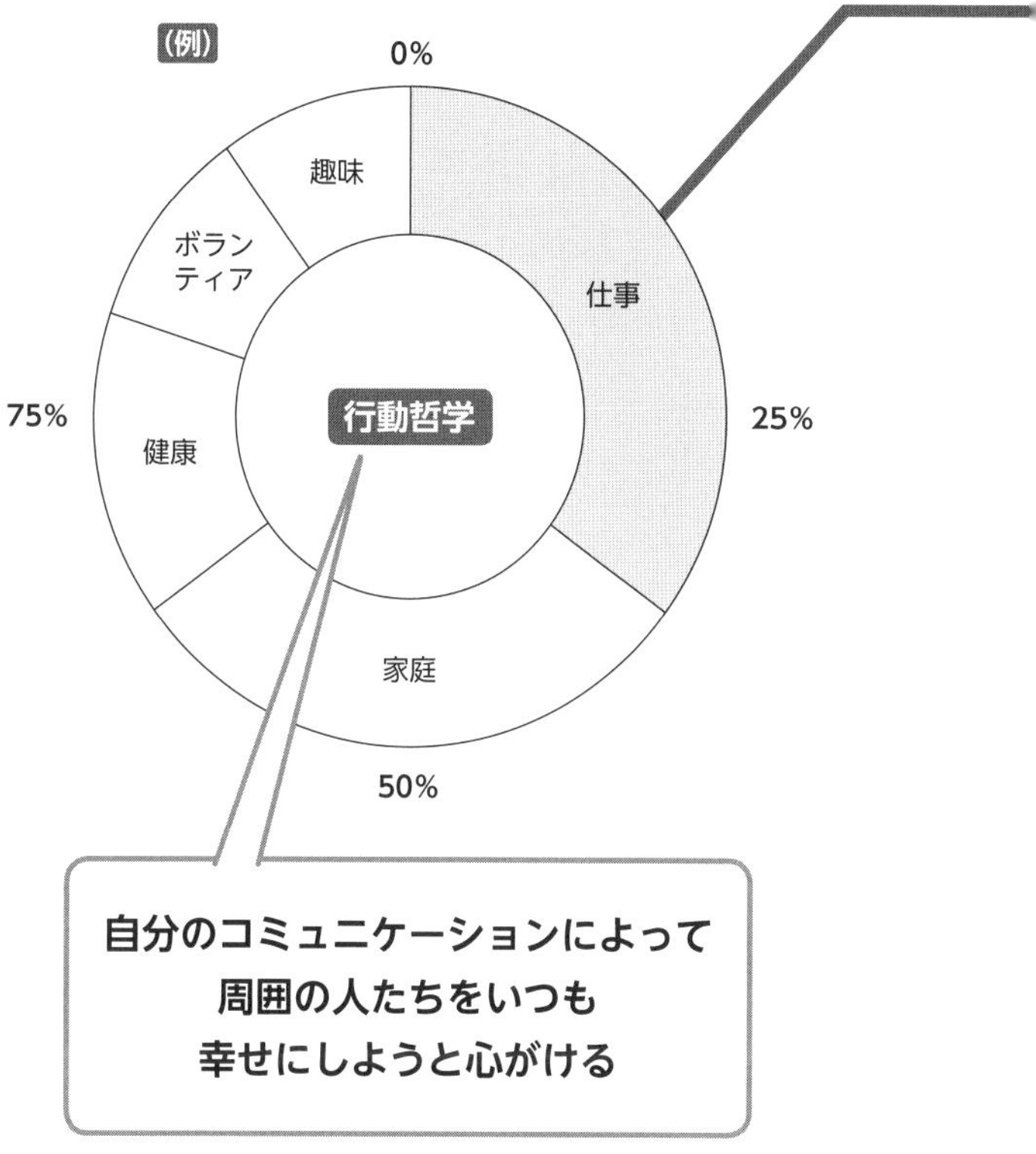

豊かにしていくキーファクターになるからです。

「仕事」以外の分野、たとえば「家庭」についても同じように考えます。10年後の「家庭（家族）のなりたい姿」を思い描きます。子どもたちとどういう関係でありたいか、パートナーと一緒にどういう生活をしたいか、などです。あるいは、「家族で移住したい」「子どもにこんな教育を受けさせたい」ということであれば、資金についてのプロセスやスケジュールも必要になってきます。

今年お子さんが生まれたという場合、10年後には小学生になっているわけですから、「その頃には子どもとこうしていたい」などという目標は持ちやすいかもしれません。未来に向かって、どういう家庭をつくっていくか。そんな議論になれば、家族みんなが楽しくなれるはずです。

ここで注意すべきことは、**ゴールから考えるという点**です。つまり、1年後、2年後、3年後……という順番ではなく、**将来の「なりたい姿」をイメージすることから始める**のがポイントになります。

現状の自分を客観視して、ギャップを明らかにする

次に、その**「なりたい姿」に対応する形で、今の自分の状態を客観的にとらえて「現状」を書き出します。**

先に出した例に沿って話を進めれば、フランチャイズ500店舗を実現したいと考えているのに対して現状はどうなのか？　ということをとらえることが必要です。会社の持つ資産やノウハウ、売上・利益、経営者や社員のスキルや資格などを書き出してみましょう。

「客観的」とは、誰がどのような角度から見ても把握できる事実のことです。たとえば、「私は英語ができる」というのは、客観的とはいえません。しかし、「私は○年×月にTOEICで850点をとった」ということであれば、客観的といえるでしょう。

自分の現状を客観的に把握できたら、その「現状」と「将来なりたい姿」を比較してみましょう。すると、違いが明らかになります。そのギャップを書き出していくのがこのステップです。

4-2●ギャップを明らかにするワーク

自分の状況をできるだけ客観的に分析し、書き出してみましょう

[順位① 仕事]（例）

なりたい姿 (10～15年後)	教育事業においてグローバルに活躍する
現状	国内教育事業店舗数○店、海外店舗なし、 社員数○名（うち講師○名）、年商○○億
ギャップ	ビジネス規模（○億拡大必要）、店舗数、ブランドの知名度、 海外での経営のノウハウ、グローバル人材（○名不足）など

[順位①　　　　　　　　　　]

なりたい姿 (10～15年後)	
現状	
ギャップ	

[順位②　　　　　　　　　　]

なりたい姿 (10～15年後)	
現状	
ギャップ	

たとえば、「なりたい姿」は教育事業においてグローバルに活躍することだったとします。しかし、現在は国内の仕事が多いとしたら、ギャップとなっているのは「ビジネス規模」や「サービスの知名度」「学校経営のノウハウ」「メソッドの汎用性」「グローバル人材」といったことになるでしょう。

「ギャップ」というのは、言葉を換えれば、**「将来、やりたいこと」に対して、「今の自分や組織に足りないもの」**です。ある人は、「資格」が足りないかもしれないし、「資金」や「スキル」が足りないかもしれません。そのギャップを具体的な数値や数量も含めて、客観的に示すことをおすすめします。

今との差を埋めるために何をすべきかを考える

ギャップが明らかになったら、ここで一度、それを埋めるためには、何年かかるか、あるいは何年かかりそうかを見直してもよいでしょう。その上で、「将来なりたい姿」に辿り着けるのは「〇年後」と、目標設定をします。

そして、そのギャップを踏まえて、長期（3年）、中期（2年）、短期（1年）ごとに目標を書き出していきます。

ギャップを考えれば必然的にやらなくてはいけないことが決まってくるので、長期、中期、短期の目標も決めやすくなります。

長期目標というと5年以上先を想像する方も多いかもしれませんが、社会環境の変化のスピードを鑑みて柔軟に対応するために、本書では長期を3年としています。

各目標を書き出したら、それぞれの目標達成のためのプログラムとスケジュールを書き出していきます。3年後の目標を達成するためには何が必要か？　それは、いつまでに成し遂げなければならないのか？　を具体的に書き出していくのです（132ページ参照）。

ここで注意しておきたいのは、**「予定通りにいかなかった場合」にどうするか、フォローアップも考えておく必要がある**ということです。

たとえば私の場合であれば、「失敗しそうな場合はここまで。次にこの手を打つ」「途中でうまくいかなかったときは、必ず△△さんに相談する」といったことをあらかじめ考えておきます（133ページ参照）。

最悪のケースを想定し、あらかじめ自分の中で受け入れておくことが重要です。覚悟が決まれば、目標達成へのプログラムやスケジュールが明確になり、視界が開けると思います。また、そもそも最悪な状況にならないように努力するでしょう。

将来や「10年後」が思い描けない場合は？

そもそも、「10年後に心から達成したい計画や目標がわからない」という人もいるかもしれません。その場合は、**「あなたの人生はあと10年で終わりだよ」といわれたらどうするか**を考えてみてください。

自分の最期がきたとき、どうなっていたいか。「あれをやっておかないと後悔するな」ということが、必ずあるのではないかと思います。それが、目標設定の大きなヒントになるはずです。

目標を持てない人は、「人生は有限ではない」「自分はまだ死なない」と、どこかで思っているのではないでしょうか。

人生100年時代といわれる今、80歳、90歳まで生きることは珍しくありません。その事実が、「人生長いんだから、まだ何となく生きていても大丈夫だろう」という考えを生み出してしまい、目標を持ちにくくさせているようにも感じます。

有限な人生を後悔のないものにするためにも、目標は必要なのです。

または、今以上の何かを目指さなくても、「現状維持で十分」という人もいるでしょう。それが目標であれば、もちろんよいと思います。しかし、**「現状維持のためにはどうすればよいか」ということも考える必要があります。**

たとえば、「親から引き継いだ農園を次の世代に残したい」という意味での「現状維持」もあるでしょうし、「今の会社で定年まで働き続ける」というのも「現状維持」です。しかし、農園が破産してしまったら、会社がつぶれてしまったら、現状維持もできなくなってしまいます。

現状維持はけっして簡単ではありません。やはり、何らかのアクションが必要になってきます。何もしなければ、現状維持どころか、衰退してしまうでしょう。

たとえば農園なら、安定した収益を上げ続けるために安定した品種の育成方法を学ぶとか、第六次産業の可能性を探ってみるといったことがあるかもしれません。また、これからの時代、ひとつの会社で定年まで働き続けるのも難しい時代になると考えられますから、常に自分が会社から求められるための目標もつくるべきでしょう。

こうした努力をしなくては、現状維持も不可能です。むしろ、現状を維持することのほうが難しい場合もあるのです。

どれだけ「具体的に」目標をイメージできるか

ここからは、目標をつくるために注意しておきたい点を交えながら、実際にワークシートを活用して「目標達成のための6ステップ」の作り方をご紹介します。

たとえば、「10年後は家族一緒に海外で暮らしたい」ということが将来のなりたい姿だと考えていたとしましょう。このとき、「海外で暮らす」といっても、どこの国で、どんな暮らしをしたいのか、その国で何を成し遂げたいのか、さまざまな目標が考えられます。

その国で「悠々自適な暮らしがしたい」のか、「NPO法人を設立して現地に尽くしたい」のか、それとも「現地で日本食レストランを開きたい」のか……最終的な目標によって、今やるべきことが、だいぶ変わってきます。

つまり、「海外で暮らしたい」だけでは目標が漠然としているのです。繰り返しになりますが、まずは最終的に「なりたい姿」を具体的に描くことが重要です。そうでないと、3年後や1年後に何をすべきかを明確にすることはできません。第1章でもお伝えしたように、**1枚の絵や写真としてイメージできるくらい、将来なりたい姿を鮮明に思い描くことが**必要になってきます。

その上で、「海外で日本食ビジネスを展開したい」となれば、では「現在の自分」とのギャップ（＝自分に足りないもの）は何かと自問自答してみます。

たとえば「語学」「飲食ビジネス研究や調査」など、いくつかの要素が考えられます。「語学」であれば、「今後3年間で現地の新聞が読めるようになる」「そのためには、1年間学校に通う」「日々、1時間勉強する」というように、**やるべきことを具体的にブレイクダウンしていくのです。**

自分だけの6ステップをつくろう

具体的に、私が実際、どのように計画を立てているかを紹介したいと思います。

私は毎年正月に「目標達成のための6ステップ」を作成しています。この計画に書き出すのは、ご説明してきた通り、以下の項目です。

1：なりたい姿と現状

2：ギャップの可視化

3：長期目標の作成

4：中期目標の作成
5：短期目標の作成
6：目標ごとのプログラムとスケジュールを考える

この内容に沿って、次ページの例を参考に、132ページに書き出してみましょう。

一連の計画ができたら、再度ギャップと目標を見返していきます。この最後に全部を見返すという工程は、とても重要なポイントです。目標が妥当かどうかが確認できるからです。目標をつくるときは10年、15年先のゴールからスタートを見てきましたが、**見返すときは現状のスタートからゴールを見ていきましょう。**

まずは、この1年間のスケジュールを確認します。それをやれば本当に1年後の目標に辿り着けるのか？　1年後、こうなっていれば2年後、3年後はこうなっているのか……というように各スケジュールを確認していくのです。そうすると、「あれ、ちょっとここは無理があるかな」といったことが見えてきます。

4-3 「目標達成のための6ステップ」の記入例

1 将来なりたい姿(10年後)と現状

- 勤務先である印刷会社の取締役に就任し、海外展開により会社の売上を倍増させる
  ➡同企業の営業課長。2000年新卒採用で入社(同期10名)。工場勤務8年、営業職12年、新入社員5名のメンター役

2 ギャップの可視化

- 役職のランクが違う・ビジネスや投資に関する知識が少ない・マネジメントスキル、英会話力の不足

3 長期目標の作成(～3年) → 6 プログラム・スケジュール

部長に昇格。50名の部下を効果的に機能させ、売上目標を達成する

9月：50名の部下、3名の課長それぞれが目標の85%以上を達成し、全体として上期売上目標である約70億円達成

4 中期目標の作成(～2年) → 6 プログラム・スケジュール

大学院修了のための修士論文を書き上げる。新規商品・サービスの構想を役員に提案し、採択される

1月：修士論文計画書を教授に提出
3月：年間売上の前年比110%を達成し、部下が社内表彰を受ける

5 短期目標の作成(～1年) → 6 プログラム・スケジュール

上期売上目標を10名の部下とともに達成。社会人大学院にも入学し、必要単位を取得する

1月：ビジネス系社会人大学院に通うため、候補を決め、受験
9月：上期25億円の売上目標を達成

6ステップ全体を「森」に例えると、始めは森［6ステップ全体］を眺めて1本ずつの木［各目標］を見ていって、それぞれの枝葉［プログラム・スケジュール］を確認しました。次は、それぞれの枝葉から木々を見て全体の森を見るという順序です。これを繰り返せば、6ステップの妥当性が確認できるでしょう。

目標は常に130%ルールの中で考えるべし

目標をつくる上でのポイントは、「130%ルール」で考え続けることです。まず、1年後の目標設定において、130%の内容を計画します。そして、それが達成できたら、次の目標も130%にします。これを繰り返していくと、気が付けば大きな目標をクリアすることができるでしょう。

人生は長いですから、130%を毎年クリアしていたら、とてつもなく大きな目標に辿り着くことになるでしょう。焦らず、毎年ワクワクしながら取り組むことが大切だと思います。

第1章でご説明したマシュマロ・チャレンジを思い出してください。世界記録の90センチを目指すあまり、パスタの塔の高さばかりに気をとられ、最後にマシュマロを乗せる際に塔を崩壊させてしまいます。このように難易度が高すぎる目標は、挫折してしまう危険をはらんでいます。〝がんばればできそう〟というくらいの目標こそが「130%」なのです。

もう一点注意したいのは、**目標を設定する際に自分自身を卑下しすぎないこと**です。卑下してしまうと、130%ではなく、普通にできる目標になってしまいます。卑下しないためには、最初の「現状」を書く時点で、客観的に自分のことをしっかりと分析し、書き出すことがとても重要になります。

私の経験上、6ステップに書いた130%の目標のほとんどが現実に変わってきました。適切な目標を設定し、ワクワクしながら取り組むことができれば、疲れることなく「なりたい自分」に近づくことができるのです。

予定通りにいかなくても落ち込むことはない

私は作成した「目標達成のための6ステップ」を、パソコンのデスクトップ上にいつも置いています。そして、定期的に見返します。「毎週月曜日」など、日々のルーティンとして見返すことはしていません。見返すこと自体が苦しくなってしまったら本末転倒なので、無理をしなくてよいと考えています。

そのほか、何か大きな出来事が起こったときや起こりそうなとき、仕事が決まったときや方針が変わったときなどは、目標を見直してみることをおすすめします。

見直したときに、目標の通りにいかなかったというケースもあるかもしれません。そんなときでも、**落ち込んだり残念がったりする必要はありません。**「できなかったのはしかたないから、次はこうしよう」と未来志向ですぐに切り替えます。

どこかで常に「自分はよくがんばったな」「こんなに努力した自分は格好いいな」と思っておいたほうが長続きします。そうでないと、毎年目標をつくり続けることはできません。

これは、20年間毎年かかさずに「目標達成のための6ステップ」をつくり続けてきた私の実感です。

「毎年目標をブラッシュアップする」ということが習慣になると、不思議と後悔しない体質になりました。思い出もどんどん上書きされて、あまり過去を振り返って後悔することもありません。

目標が少しずつ変化することもありますが、それはそれでよいと思います。ただ、どう転んでも行動哲学は変わりません。また、自分自身が見出した「人生の目的」も変わりません。これらの信念を持ちながら、それぞれの目標をまたアップデートしていけばよいのです。

以上のようにして**目標達成のための6ステップをつくり、都度見直す習慣ができれば、「なりたい姿」「あるべき姿」に近づくことができます。**次章からは、本章の6ステップでつくった、目標を現実にするためのポイントについて解説していきましょう。

4-4●「目標達成のための６ステップ」を作成するワーク

127ページを参考に、自分自身の目標達成のための計画書を作成してみましょう

1 将来なりたい姿（10年後）と現状

2 ギャップの可視化

3 長期目標の作成（〜3年） → **6 プログラム・スケジュール**

4 中期目標の作成（〜2年） → **6 プログラム・スケジュール**

5 短期目標の作成（〜1年） → **6 プログラム・スケジュール**

4-5 「ピンチ」のときのフォローアップを書いてみよう

長期、中期、短期におけるフォローアップを考えてみましょう。最悪のケースを想定することができれば、その状況を回避するために努力をすることができるはずです

（例）

3年後の目標がうまくいかなかった場合
● 失敗しそうになったときは、次に○○の手を打つ ● 壁にぶつかったときは、必ず△△さんに相談する

3年後の目標がうまくいかなかった場合
2年後の目標がうまくいかなかった場合
1年後の目標がうまくいかなかった場合

04 SPECIAL INTERVIEW 成功者に学ぶ目標達成の法則

〝座標軸〟を持てば、人生に迷うことはない！

澤田貴司（さわだ・たかし）

株式会社ファミリーマート 代表取締役社長。1957年、石川県生まれ。81年、上智大学理工学部卒業後、伊藤忠商事に入社。97年、ファーストリテイリングに入社し、翌年取締役副社長に就任。2002年、同社退社。05年、リヴァンプ設立。16年9月、旧ファミリーマート代表取締役社長に就任、19年5月より現職。

2016年にファミリーマートの社長に就任して以来、驚異的なスピードで大胆に同社の改革に挑み続けている澤田氏。業種や規模の異なる複数の企業で経営に携わった経験から、〝現場第一主義〟をモットーに、リーダーシップを発揮している。さまざまな会社を経営した経験から、「目標のとらえ方」について聞いた。

聞き手／石井大貴
構成／江頭紀子

父の葬儀のときに人生の「ゴール」に気づく

企業を経営しているからには、売上など目の前の目標を達成することはもちろん大事です。しかし、それ以上に大切なのは〝**座標軸**〟**を持つこと**だと思います。

座標軸とは、ブレないための自分の軸で、**「個人として何を大事にするか」「どういう人生にしたいか」**ということです。私の場合は「人に尽くすこと」。そこにこだわり続け、仕事をし、日々の生活を営んでいます。

私がそう思うようになったきっかけは、父の葬儀です。

私は石川県の小さな村（現白山市）の出身ですが、驚いたことに父の葬儀には当時の村の人口とほぼ同数の約2000人の方に参列いただきました。

そして、喪主の私に対して「お父さんには本当にお世話になりました、ありがとうございました」と、大勢の方から感謝の言葉を頂いたのです。

どんな立場の人にも父はしっかりと向き合い、尽くしていたのだと、そのときに初めて知りました。

以来、**「自分が亡くなったときに感謝される人間になりたい」**というのが、私の人生の「ゴール」となりました。そのために「人に尽くす」——。私の言動は、すべてそこにつながっています。

自分の計画にこだわりすぎてはいけない

ファミリーマートの社長という立場から言えば、この会社で働いているみんなに尽くしたい。具体的には、物心両面、つまり経済的にも精神的にも幸せになってもらいたいと思っています。

私の仕事は会社の方向性を決めていくことですから、まずは大きな思いがあって、その上で、「今期はこのようなことをやっていこう」「半期は？」「単月では？」……と、具体的かつ、ロジカルに決めていきます。

企業ゆえ、もちろん数値計画も立てますが、今の社会環境下では、最大でも計画は2年先が限界だと思います。3年先なんてわかりません。

それくらい不透明なのですから、堅実な計画を立てて、その通りやろうとこだわり続ける方がよっぽど危険です。それよりも、「起こっていることにしっかり対応すること」「立てたプランにこだわりすぎないこと」の方が大事だと考えています。

そのためには、**変化に対応できる柔軟な組織をつくる**ことを意識しています。だからこそ、常に「現場で何が起こっているか」をキャッチするように心がけているのです。

私は300人くらいの加盟店の皆様とLINEで直接つながっているので、常に生の現場情報が入ってきます。さまざまな現場が全部見える組織、悪い情報こそが上がってくる組織をつくりたいと常に思っています。

“自分との約束”を守り続けることが成長につながる

「社員を幸せにしたい」と思う一方で、本人が「自分が幸せになる」ために勉強し続けることは大前提です。今後は、今まで以上に個人がそれぞれのスキルで生きていく時代になるでしょうから、より自己研鑽して〝プロ〟になる必要があります。

私が思う**〝プロ〟の仕事とは、付加価値の高い、あるいは生産性の高い仕事をすることであり、かつ永続的に結果を残すこと**。そうした人たちが集まった〝プロフェッショナルの会社〟をつくるのがひとつの夢です。

結果を判断するには、数値化することが一番わかりやすいですが、短期で見て判断するのではなく、長期的に見ていくことが重要だと考えています。その数値は時代や状況によって変わりますが、ずっと追っていればある傾向が出てきます。たとえば、いい会社というのは、社員の満足度も定着率も高い傾向が続くものです。

仕事というのは、すべて約束で成り立っています。それはお客様との関係においてだけでなく、上司と部下の間にも当てはまります。

私は、以前、多いときは150人の部下と面接し、評価をつけていました。期初に、それぞれ自分の達成可能な目標を設定します。つまり私と〝約束〟するわけです。

そして、期末に達成度合いを報告してもらいます。定めた目標が達成できているか。いわば、「自分との約束を果たすことができているか」ということを確認するのです。

実感しているのは、**自分との約束を守れる人は、他人との約束も守れる**ということ。私は、この〝自分への約束を守り続ける〟ことでしか、人間の成長はないと考えています。

徹底的に悩み、迷い、そして好きなことをやれ！

もし、「こういうことを達成したい」「こうなりたい」という、未来の姿が想像できないのなら、他人を頼らず、吐くくらい、とことん悩んでほしいです。

助言するとしたら「好きなこと、やりたいことをやれ！」。迷っている若者には、そう檄を飛ばしたいですね。そこに至るまでは、考えたり悩んだり、失敗したりしてもいい。ただ、〝座標軸〟があれば、迷宮に入り込まずにすむのではないでしょうか。

私自身は、先が見えない時代にあって常に危機意識を持ち、どのような状況でも収益を上げ続ける会社にするためにはどのようにしたらよいか、どのようにして物心両面で社員を幸せにできるか——。

自分の座標軸にしたがって、未来永劫、それを追求し続けていきたいと思っています。

インタビューを終えて

物心両面の判断基準を持ち、自身の座標軸にしたがって生き抜くこと。これこそが、多くの人の規範となるべき考えだと思います。座標軸というのは「行動哲学」とも呼べるのではないでしょうか。そして、目標を他者と共有し、自他との約束を守るということは、仕事をする、あるいは生きる意義にもつながるキーワードだと感じています。

第5章

周囲を巻き込んで、「やり抜く力」を生み出そう！

周りの協力なしに目標達成はできない

6ステップの作成後、目標を達成するためには、その計画にしたがって行動するのみです。しかし、ひとりですべてやり抜けるかというと、なかなかそうはいきません。ひとりでやることには限界があります。「周囲からの協力や支え」がなくては、自分で立てた目標とはいえ、実現するのは難しいでしょう。

そこで本章では、**やり抜く力を生み出すために必要な、周りの人の力を引き出す方法**について考えていきたいと思います。

先に周囲からの協力や支えとお伝えしましたが、これには大きく2種類あります。

まずは、いわゆるメンターとして自分を支えてくれる人たちです。

私の場合、家族や友人も心の支えであることはもちろんですが、大きな心のよりどころとなっているのは、第1章でも触れた大学時代の恩師です。

すでにお亡くなりになりましたが、今でも自分はこれを本当にできるだろうかと不安に感じたり、自信を失ったりしたときに、先生であれば、「君は間違っていない。強気で前に進みなさい」といってくれるだろうと考え、行く先を見失わずに目標達成に向かうことができます。私にとって、まさに精神的な支柱のような存在です。

一方で、ものごとを推進する際に欠かせないのが、実際の行動として協力してくれる人たち。友人や同僚、部下などのほか、趣味で知り合った、勉強会で隣の席だったなど、何らかの縁があってつながった人たちの場合もあります。

そうした人たちを、いわば〝巻き込んで〟動いてもらうことも、コミュニケーションのひとつです。

とくに**自分が心から信頼できる人たちが、自分あるいは自分がやろうとしていることに興味を持って、自然に協力してくれるようになったら、半分は目標達成できたと**いってもよいかもしれません。それくらい周囲の人の協力と支えは、目標達成に大きく影響してきます。

自分も相手もワクワクするのが本当のコミュニケーション

そもそも、コミュニケーションとは何でしょうか。

おそらく「伝える・伝わる」といった「伝達すること」、あるいは「人とのやり取り」をコミュニケーションだと考えている人が多いのではないでしょうか。

コミュニケーション（communication）の語源は、ラテン語のコミュニス（communis：共通したもの）、あるいはコモン（common：共有物）といわれています。表現を変えれば、「分かち合う」「理解し合う」というニュアンスになります。

もう少し噛み砕いて表現するとしたら、**「自分の想いを、相手（周囲の人）の心のひだに届けて、理解してもらうこと」**こそが、コミュニケーションであると考えています。

理解してもらわないと、相手（周囲）から協力を得ることはできませんし、ましてや巻き込むことも至難の業です。たとえば、さまざまな表現手段によって伝えることで、「自分も楽しいし、相手も楽しい」「自分もワクワクするし、相手もワクワクする」となるのが、本当の意味でのコミュニケーションなのではないでしょうか。

そして、**自分と周囲が感じるその楽しさが、結果として社会全体に広がっていけば自分も相手も大きな達成感・一体感を味わうことができます。**

私は、2014年にWell Stone Bros.（ウェルストーンブラザーズ）というユニット名で歌手・作詞家としてメジャーデビューし、たくさんの曲をリリースすることができました。じつは大学生のときに書いた「将来なりたい姿」には「歌手としてメジャーデビュー」というものがありました。目標を叶えることができた事例です。

社会人になって何年もボイストレーニングに通ったり、インディーズとしてリリースしたCDを手売りするという地道な経験もしましたが、そもそも周囲の多大な支援がなければメジャーデビューを叶えることはできませんでした。

まず、金沢工業大学虎ノ門大学院教授で現在の私の上司であり、当時、レコード会社のグループの社長をされていた北谷賢司先生からビジネスや音楽業界の基礎を教えていただきました。そして、レコード会社の社員の皆様とはたくさんコミュニケーションをとらせていただきました。「歌手を目指す変わったサラリーマン」ということで心の底からおもしろいといってくれましたし、多くの人に元気を届けたいという想いに共感していただきました。

メガヒットには至りませんでしたが、多くの人に自分たちの楽曲を届けられたことは素晴らしい経験になりました。今でも、この成功体験は、「目標は達成できる！」というひとつの自信になっています。

このような信頼できる方たちとの仕事は、忘れ難い経験となって積み重なり、その経験が次の仕事に活かされ、やりがいのあるものとなっていくのではないかと思います。

結果として自分の人生が楽しくなっていくのはもちろん、自分と一緒に仕事をした人たちにもプラスとなり、何より世の中に影響を与えていくことができます。これぞ、真のコミュニケーションであり、人生の醍醐味といえるのではないでしょうか。

「謙虚・誠実・熱意」のバランスを意識する

自分が「楽しい」と思うことを、相手に理解してもらい、心底「ワクワクする」と思ってもらうには、どうすればよいのでしょうか。

私がそのために大事だと考えているキーワードは、**「謙虚・誠実・熱意」、そして「約束」の4つ**です。順を追って説明していきたいと思います。

まず、「謙虚・誠実・熱意」です。この3つをバラバラにしないのは、これで1セットだからです（この考え方は、180ページにも登場する弁護士の宇田川高史先生から教えていただきました）。

自分が何かを成し遂げるために、相手に協力してもらいたければ、まずは**謙虚に相手に敬意を払って、誠実に付き合うこと**は欠かせません。

先にもお伝えしたように、「自分にとって得だから」という意識だけでは、ものごとはうまく進みません。

あとに述べるように、自分の「なりたい」「やりたい」という思いの丈を、熱心に伝えることはもちろん必要ですが、そこには**「謙虚」と「誠実」も同居していないといけません。**そうでないと、「ただ自分のやりたいことをやり通そうとする人」になって

5-1●自分の楽しい！　を相手に伝えるためには？

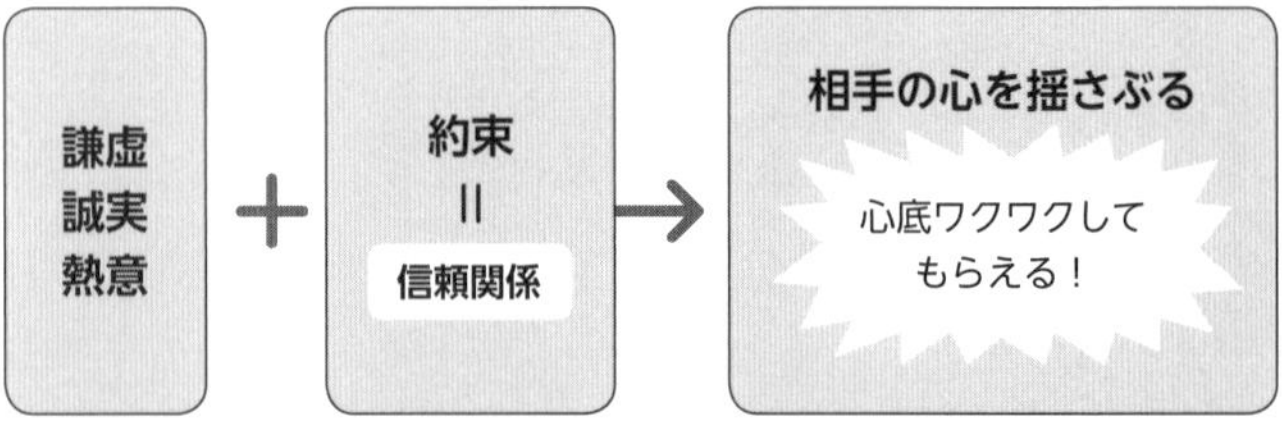

人を巻き込む最大のポイントは、熱意を持ちつつ「謙虚」「誠実」をバランスよく意識すること

しまいます。「相手にとってどうか」を一番に考えて取り組むことこそが、人の心を揺さぶるのではないかと考えています。

そして、「熱意」は、相手に「楽しそう」「話を聞いていたら自分もワクワクしてきた」と思ってもらう上で、不可欠です。熱意が伝わり内容も理解されなければ、周囲の人の共感は得られないのですから。

人は、「この人はこんな思いを持っているんだ」「絶対にやりたいとの意志が感じられるな」と思ったら、その人を応援したくなるものです。

その**熱意を独りよがりにしないよう、「謙虚」と「誠実」もバランスよく意識すること**が、人を〝巻き込む〟際の大きなポイントになるのです。

タスクを書き込むときに「人」の名前で書く理由

私は、世の中の物事はすべて「約束」、すなわち「信頼関係」でつながっていると考えています。

ビジネスにおいては、「契約書」をはじめ、「納期」「締切」「納品数量」などがありますが、これらもすべて「約束」です。日常においても「朝8時に駅に集合」「来週日曜にテニスをする」といった小さな「約束」がたくさんあります。私たちの生活は、すべて「約束」の連続で成り立っているといえます。

こうした**日々の小さな約束を守ることが、信頼を強化していきます**。それが**人とのコミュニケーション形成にとても重要**なのはいうまでもありません。

私はタスクやスケジュールを書くとき、「やること」ではなく「人」で書き込みます。

「誰のためにやっているか」「誰と仕事をしているか」ということを書くのです。

たいていの場合、あるタスクがあったら、カレンダーなりスケジュール帳などに仕事相手の会社名を書き込むと思いますが、私は社名だけでなく、その会社の担当者の個人名を書きます。仕事というのは、すべて「その人との約束ごと」だと思っているからです。

「約束」は人間にしかできないことです。**タスクを書き込むとき、「人」の名前で書くことで、相手との「約束」を意識するようになります。**そうすることで、相手の信頼を勝ち得るために、努力し続けることができます。結果的に、コミュニケーションの強化にも役立ちますので、ぜひ取り入れてみてはいかがでしょうか。

「大親友」より「親友」をたくさんつくるべし

ここまで、相手に自分のことや自分が目指していることを、「楽しそう」「ワクワクする」と感じてもらうための、心がけをお伝えしました。

ここからは、その心がけを補強するような、具体的な行動について説明します。

まずは、「少ない大親友より多くの親友をつくろう」ということです。ここでいう「大親友」とは、「定期的に会っていて、お互い何もかもわかり合えている関係」である友人を指します。一方「親友」というのは、「普段よく会うわけではないけれど、久しぶりに会ったら話が盛り上がったり、情報のやり取りをしたり、人を紹介し合ったりできる関係」の友人です。

ここで私が声を大にしていいたいのは、**固定化した友人とだけつながっていては〝もったいない〟ということ**です。

何でもわかり合える大親友といると、たしかにラクですし快適ですが、それだけではものの見方や考え方に偏りができてしまいます。自分の可能性や視野を広げるためには、友人関係を広げて、「大親友とまではいかない親友」をたくさんつくることをおすすめします。

私の場合、趣味の時間であっても、仕事の時間であっても、互いに「この人と何かをやると楽しいな」、あるいは「楽しそうだな」という気持ちが感じられれば、だんだんと「親友」の域に入っていきます。

昔からの大親友とももちろん、つながっていますが、その一方で「ゆるく、しかし何かあるとつながれる」親友もたくさんいます。

たとえば、研修のときに意気投合した人とゆるくつながっていたら、その人と一緒に仕事をするようになったり、あるいは最初はゴルフだけの付き合いだったのが、仕事も一緒にしたいと思うようになり、実際にやってみたらやはり楽しかったというようなことは多々あるでしょう。そうなると、「また一緒にやりたい」、あるいは「今度はあの人を紹介しよう」というように発展していきます。

このようにして、信頼できる親友をたくさんつくっておくと、それだけネットワークが広がり、豊かな人脈形成ができていくのです。

加えておきたいのは、おおむね、**〝楽しい人〟は楽しい人を紹介してくれますし、〝仕**

事ができる人〟は仕事ができる人を紹介してくれます。知り合いの知り合いであれば、信用もできますから、安心して一緒に仕事ができるものです。

人脈や知識はどんどん提供しよう

もうひとつ私が心がけているのは、「テイカーではなくギバーになり、周囲に知識や人脈を与え続ける」ということです。

ペンシルベニア大学ウォートン校教授で組織心理学者のアダム・グラント氏は、自身の著書の中で、世の中には、人に惜しみなく与える『ギバー(giver)』、損得のバランスを考える『マッチャー(matcher)』、そして真っ先に自分の利益を優先させる『テイカー(taker)』の3種類の人がいると記しています。そして、成功するギバーは、お金を与えているのではなく、人脈を与えているという点に、私も非常に共感しました。

お金を与える(資金提供する)となれば、そのお金は、いずれは尽きてしまいます。

しかし、**人脈や知識はいくら与えても尽きることはありません。**

それどころか、与えた以上に、人脈や知識、もしくは「仕事」という形になって返ってくる可能性が高いのです。

グラント氏は、自分の利益だけを求めていては（つまり、テイカーでいると）、**一時的な利益は得られても、最終的には損をすることになる**ということを、複数の調査結果を踏まえながら説明しています。

この内容は、「相手にとってどうかを一番に考えて取り組む」という、私自身が意識してきたことと重なります。

出し惜しみせずに、相手の助けになることを率先して行い、自分の人脈や知識をどんどん披露していく。それが、さまざまな人から協力を得るコツなのです。

「任せる」ことで、相手も自分も成長する

「自分はこんなビジョンを持っている。こんな目標を持っている」と公言することも周囲を巻き込む力につながります。自分の目標をオープンにすることで、いろいろな

人たちが、目標達成を手伝ってくれるようになるのです。

ただし、信用を置けない人にいってもその先につながらないので、自分が大切にしている人たちと共有して、一緒に歩んでいくことが大事です。そうした**信頼できる仲間をつくることが、組織の中でチームをつくっていくことの醍醐味**でもあります。

ここで、チームづくりについても触れておきます。

この章の冒頭で「ひとりでやれることには限界がある」とお伝えしましたが、仮にひとりで何でもこなす、場合によっては10人分の仕事をこなすことができたとしても、私は10人の仲間や部下に仕事を任せてやってもらうほうがよいと思っています。

正直、自分ですべてをやるほうが簡単で早い場合もあります。人に頼むほうが気も遣いますし、適材適所な人を探すのに時間や手間を要するためです。

ただ、「自分は10人分の仕事ができる」と思っていても、すべての能力が自分に備わっているわけではありません。むしろ、人それぞれに「得意なこと」「できること」が違うわけですから、**自分にない能力を最大限に引き出して、仲間や部下に任せるほ**

うが将来的によい結果となる場合のほうが多いのです。また、適材適所で仕事を頼む一連の流れそのものが、自分を成長させることにもなりますし、自分はより高次元の仕事に取り組むこともできるかもしれません。

もちろん、信頼して任せることで、相手の成長にもつながります。むしろ、権限委譲をしない場合は、仲間や部下の成長を妨げているといっても過言ではありません。

ですから、ひとりで10人分の仕事をするよりも、10人の信頼できる人に頼むことが大切なのです。

タネはまき続ければ、いつか必ず収穫できる

私は**コミュニケーションはある意味、稲作と同じ**だと考えています。つまり、**タネをまくように、いろいろな人とつながることで、やがては大きな収穫**を迎えることができます。自分の力だけではタネは大きく育ちませんが、信頼する仲間に頼ったり任せたりすることで、さまざまな成果が生まれるはずです。これこそが、自分の「やり

たいこと」「やるべきこと」につながるのではないでしょうか。

何かを成し遂げるには、自分ひとりではできません。自分ひとりで動いて結果を出しているかのように見える人でも、そこに至るまでには両親、兄弟などの家族はもちろん、友人、先生、同僚や先輩など、さまざまな人たちから何らかの影響を受けているはずです。

その影響というのは、無意識で気づかないこともありますが、振り返ってみると、「あのときあの人にこういわれたからな」と思い当たるフシも多々あるものです。

また、自分がやりたいことを周囲の人に共有しておくと、忘れた頃に「あいつがあんなことといってたな」「この人を彼に紹介したら、彼の力になりそうだ」などと、ふと思い出してくれ、それが仕事や人脈形成といった大きな収穫につながる場合がありま す。そのためには、**謙虚に誠実に、そして熱意を持って、いろいろな場所で〝タネまき〟をしておくこと**です。さらに、時折タネに〝栄養〟を与えることも忘れないでください。

人付き合いにおける「栄養の与え方」とは、たとえば、一緒に食事に行く、楽しい議論をする、あるいは仕事を手伝うなど人によってさまざまですが、要は**相手が望んでいること、欲していることに対して、誠実に応じる**ということです。そこを間違わなければ、苗はしっかり育ち、やがて必ず成果として収穫できるようになるでしょう。

このように述べると、人との関係性をやや戦略的にとらえているように思われるかもしれません。たしかに戦略的に考えることも、ときには必要です。

しかし、自分が人と常に「よいコミュニケーションをとろう」と意識していれば、自然に人は集まってきます。また、意識してタネをまかなくても、自然にタネがまかれる、タネがいろんなところに飛んでいってそこで育つ、ということも考えられます。

大事なのは、収穫できたら、協力や支援してくれた人に「あなたのおかげです」と、しっかり伝えることです。たとえば、それが部下や後輩であれば、ことあるごとに「部下のおかげです」と周囲に話すべきでしょう。そうすれば、その部下のモチベーションは上がり、次の仕事でも、また一緒にがんばってくれます。

このように、**さらなる〝よいコミュニケーションの循環〟を生むことは、自分の目標達成の大きな助けとなる**はずです。

5-2 「周囲を巻き込む」ために思考を整理しよう

● 自分が心から信頼できる人がいますか？ その人の名前を書き出してみてください

● 上に書いた人に、あなたはどんな人脈、知識を与えることができますか？

● 本書と上記を参考に、あなたの目標に対して、誰にどんな「タネをまく」ことができそうか、考えて書き出してみましょう

05

SPECIAL INTERVIEW 成功者に学ぶ目標達成の法則

思っただけでものごとは6、7割叶っている

池貝知子（いけがい・ともこ）

東京都生まれ。1990年に日本女子大学家政学部住居学科を卒業し、松田平田坂本設計事務所（現・松田平田設計）に入社。2006年に株式会社アイケイジーを設立。2011年に完成した代官山T-SITEのクリエイティブディレクターとして、施設全体のディレクションを手掛けた。昨今は、商業施設全体の空間デザインディレクターとしても活躍の場を広げている。

国内外で数々の心に残る空間を創造し続けている空間プロデューサー、池貝氏。クリエイティブディレクターとして関わった「代官山T-SITE」は、代官山 蔦屋書店を中核に複数の小さな専門店が遊歩道で結ばれており、〝知〟と〝遊〟がバランスよく配置された心地よい空間となっている。クライアントの目標に寄り添いつつ、自らもワクワクしながら創造を楽しむ池貝氏に「夢を叶える秘訣」を聞いた。

聞き手／石井大貴
構成／江頭紀子

その瞬間で何をいうか、何をするかが大事

私は、クライアントに応えるための目標設定はしますが、自分のビジネスにおいて目標を設定することは、あまりしません。

というのも、去年信じていたことが、来年の今はわからない、信じられないということが、仕事のなかで頻繁に起きるためです。

私は、仕事はスポーツと同じで、その都度ベストを尽くせばいいと思っています。たとえば、野球の場合、ヒットを打ったら出塁しますが、打席に立つ前から「一塁に行ったらどうしようか」ということを考えても、あまり意味がないと思うのです。

仕事も同じで、〝その瞬間〟で何をいうか、何をするかを大切にしています。未来を考えるよりも、一瞬のパフォーマンスを重視すべきではないかと、私は思うのです。

私の会社は一級建築士事務所ですが、じつは私自身は一級建築士の資格は持っていません。

ふつうは代表者である自分が資格を取れていないと、次に進めないと思うのですが、私はあまり深く考えず、やりたいことを「やりたい！」と周囲に熱弁を振るっていました。その結果、今の会社が存在します。

心からやりたいことを、熱を持って伝え続けていれば、仕事も来るし、お金ももらえるというのが私の実感です。逆に、心から「やりたい！」と思っていないと、「これはうそだな」とバレてしまいます。

好きなことが見つかったら、たとえ先に道がなくても「その一瞬」を大切にしながら、とりあえず突き進むと、案外楽しいことが待っているものではないでしょうか。

「思っていないこと」は絶対に叶わない

私はなぜか、「やりたい！」と思ったことがすぐ叶ったり、「ほしい！」と思ったものがすぐ手に入ったりします。不思議ですよね（笑）。

ただし、よくよく自己分析してみれば、「やりたいと思う」→「できるぞ！と思う」→「素敵なことだからついつい、みんなに夢を共有する」→「いわれた人も楽しくなる」→「めちゃくちゃ応援される」→「あとに引けなくなる」→「やる」→「ひたすらやる」→「もっともっとやる」→「気が付いたら夢が叶ってる！」……というループを繰り返しているのかもしれません。

逆にいえば、**「思っていないことは絶対に叶わない」と確信しているので、「思う」ことがまず大事です。思っただけで6、7割ぐらいは達成できているんです。**あとは実行するのみですから。

自分では意識していませんが、周囲に「あれがほしい」といいまくっているのかもしれませんね。すると親切な人が、「あそこにあったよ」と教えてくれるものです。

そんな感じで私はたくさんの人に助けられてきたので、自分自身も損得を考えずに、助けるべき人を助けています。でも仕事だと、「それをやって何の得があるの？」と、助けない人もいますよね。それは、自分の可能性を狭めてしまうと思います。

もちろん、私も仕事でうまくいかないときもあります。そんなときは、あえて仕事を途中で切り替えることで、自分の機嫌をとっています。たとえば、ひとつの仕事をやり続けると集中力が続かないので、あえていったん手をつけていた仕事を止めて、まったく新しい仕事に着手するのです。

目の前のものをどんどん切り替えて、時間を置いてまた元の仕事に戻ってくる。すると、〝少し成長した自分〟がリフレッシュした状態で仕事と向き合えるのです。

直感にフタをせず、信じて突き進め！

会社を辞めたとき、この先どう生きていけばいいいか、旧知の増田宗昭さん（カルチュア・コンビニエンス・クラブ創業者）に質問したら、「第六感を磨け」とアドバイスされました。以来、「直感」を大切にしています。

直感がすごいと思うのは、**最初に「いい人そう」「イヤなやつ」と感じたことは、結局正しいということ**。「こういうしぐさの人はこう」「こう話す人はこう」……と、これまでの自分の体験による脳内のデータベースが瞬時に感じ取っていることは、だいたい正しいんです。なのに、それを「今、判断してはいけない」と脇に置いてしまう人が多いように感じます。

仕事でも「持ち帰って検討します」なんてナンセンスです。持ち帰った時点で古びてしまうので、その瞬間に即決すべきなのです。世界のクライアントと仕事をしていると、とくにそう感じます。

日本人は器用ですが、直感にフタをして、表面的に今聞いた知識で判断する人が多いので、足を踏み外すこともたくさんあります。

一方で、器用ではなく、波に乗れなかった経験を積んだり、自分とは違う多様な価値観を渡り歩いたりしてきた人のほうが、自分の価値観を育てることができ、本当の感動を築くことができるのかもしれません。価値観は多様ですが、〝感動するもの〟は、世界中、そんなにブレていないと思います。

私は、ディズニーランドの新しいアトラクションを創るような、あるいは文化祭で「こんなのやっちゃおうよ」というような、みんながワクワクする、感動するものを創りあげていく感覚で仕事をしています。

たまに不発なときもありますが、あまり気にしません。これからも、新しいお題が来たら「どうする?」と、仲間とワクワクしながら仕事を続けていくのだと思います。

インタビューを終えて

池貝知子さんの作品の数々。そこには、想像をはるかに上回る感動があります。それは、ご本人の「直感」そのものが、我々に強いインパクトとして語り掛けてくるからではないでしょうか。誰よりも明確にやりたいことを思い描き、オリジナリティあふれる入念な準備をしているからこそ、仲間とお客様の期待に応え続けることができるのだと思います。

第6章

思考を変えれば、目標は次々と達成できる！

「自分ならできる！」という感覚を手に入れる方法

本章ではまとめとして、目標を現実に変えるための考え方・思考法について述べていきます。

第2章、第3章、第4章で、具体的な取り組み方のノウハウをお伝えしてきましたが、それらを実践中に、少し不安になったり、疑問が生じたりしたときには、この第6章を読み返してみてください。

肩の荷が軽くなり、再び前向きになって、目標に向かってチャレンジしようという気力が湧いてくると思います。

私が提案したい「目標達成のために取り入れたい考え方」は、次の5つです。

1：自分との「約束」を果たす

2：前向きな危機感を持つ

3：「失敗」や「挫折」なんてない

4：我慢しないで生きる

5：常に「もっとよくなる方法」を考える

順を追って、ご説明していきましょう。

第5章で人の協力を得るためには「約束」を守ることが大切であるとご説明しました。仕事はすべて、人と人との「約束」で成り立っています（149ページ参照）。誠実にコミュニケーションをとれば、人に好かれ、ひいては仕事に好かれるという好循環を生み出すことができるのです。

それと同じように、**どんな小さなことでも自分の決めた目標を達成するというのは、自分との「約束」を果たすこと**になります。

これを繰り返していくことで、次の目標に向けても自分は「やれば、できる！」と思えるようになりますし、自分の努力を肯定できるようになるでしょう。このような感覚を「セルフ・エフィカシー：self-efficacy（自己可能感）」と呼びます。

「セルフ・エフィカシー」とは、カナダ出身の心理学者、アルバート・バンデューラ氏が提唱した概念で、「自己効力感」とも訳されます。「自分ならできる!」と、鼓舞し、自分の力を信じることができる度合いを意味する言葉です。

本書では、よりわかりやすい表現である**「自己可能感」**という言葉を使っていきたいと思います。

この**自己可能感が高い人ほど目標達成の成功率が上がり、反対に、自己可能感が低いと目標を達成することが難しくなる**とされています。

たとえば、仕事であるプロジェクトの成功に向けてチャレンジしているとき、「自分は前の仕事もやり切ったのだから、今回もできるだろう!」と思う人と、「どうせ自分は無理だろう」と思う人とでは、プロジェクトに対する取り組み方も大きく変わってきます。

結果として、「必ずできる!」と、自分で自分を奮い立たせることができる人ほど、自分がやりたいことへの成功率が上がります。ですから、**目標を達成するには、自己**

可能感を得ることが大事なのです。

私が毎年元旦に計画を見返すときも、これまでの目標達成を確認し、自分自身が自分との「約束」を果たせる人間であることを再認識することで、次の目標に向かって「本当にできそうだ！」という感覚を持つことができるのです。

毎年年始にそうした感覚を味わうと、「今年もいけそうだ！」と、とてもワクワクした気分でその年がスタートできます。こうした気持ちが「自己可能感」であり、この感覚を味わうことが、目標への近道になると感じています。

〝前向きな危機感〟を持つと人生が好転する

その一方で、目標に向かうときに「自分は本当にできるのだろうか」という不安な気持ちが生じてくることもあると思います。

なりたい姿や目標に対して、現状とのギャップが明確になればなるほど、自分自身

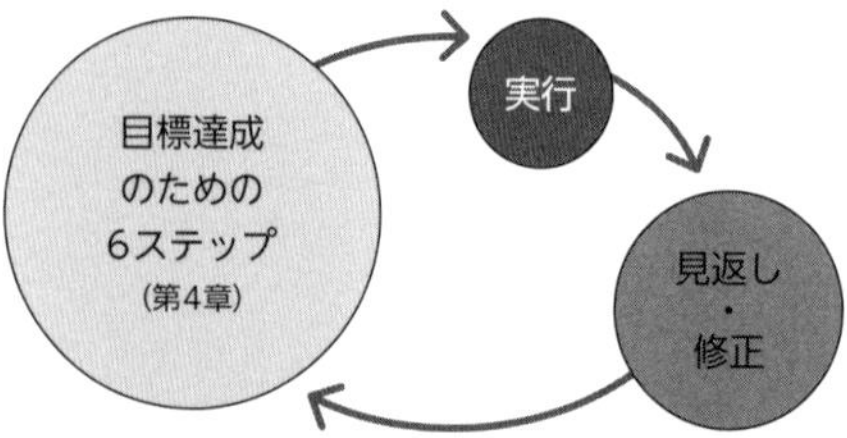

「前向きな危機感」を持ちながら、サイクルを回し続けることが目標を現実に変える近道!

にプレッシャーがかかることもあるでしょう。
しかし、本気で成し遂げたいと考えるからこそ不安や危機感が生じるのであり、ポジティブに向き合うべきです。私はこの心理を〝**前向きな危機感**〟と呼んでいます。

じつは、この感情こそが、人を強くしてくれます。できるだけ早めに〝前向きな危機感〟を感じることができれば、それだけ早い段階で恐れていることが起こらないように一生懸命努力して、事前準備ができます。結果として、よい方向に進むことができるでしょう。
ビジネスでも同じで、常にリスクを感じ取り、それを回避できるように備えておくことが、新たなビジネスチャンスにつながるのではないでしょうか。逆説的な考え方ですが、これも目標を持つことのメリットのひとつです。

こうした思考で、「6ステップ、実行、見返し・修正」というサイクルを回し続けていると、この一連のことをやらないと気が済まなくなってきます。毎朝、ストレッチをしないと体がすっきりしない、シャワーを浴びないと1日が始まらない、という「習慣」に近いものです。そうなったら、〝しめたもの〟です。

自分の生活に当然あるものとして組み込まれれば、**「6ステップ、実行、見返し・修正」のサイクルがうまく回って目標を達成しやすくなります。**

人生に「失敗」や「挫折」なんてない

3つ目に提案したいのは**「失敗や挫折なんてない」**ということです。

「私は失敗なんてしたことがない。ただ、1万通りの、うまく行かない方法を見つけただけだ」

これは、発明家トーマス・エジソンのよく知られた名言です。

私もまったくその通りだと思いますし、「失敗」だけでなく、「挫折」も人生にはないと思っています。

本来進むべき道から多少それても、回り道をしても、迷っても、それはまったく構いません。

こうしたことは、むしろ、目標を達成するための糧となるのだと思います。

私は大学生のとき、アメリカンフットボール部に所属していました。目標を立てることをはじめてすぐの頃で、大活躍することを夢見ていたものです。しかし、練習中に首の大怪我をしてしまい、スポーツで活躍する夢は完全に閉ざされてしまいました。

しかし、周囲からのすすめもあって、アメフト部のリクルーティング活動や体育会全体の運営に関わる仕事と巡り合うことができました。それらの仕事にのめり込むうちに、運営の仕事が楽しくてしかたがないと思うようになったのです。

スポーツは不慮の事故など不確定な要素が多く、元来のポテンシャルなどによっては思い通りにいかず、裏切られたような気持ちになることもあります。しかし、仕事はやればやるほど成果が出ますし、ポテンシャルにもあまり大きく左右されないと、自分の中で気づいたのです。

回り道はしたかもしれませんが、自分がやるべきこと、人生の目的を見出すことができたのは、スポーツの苦い思い出があったからかもしれません。**失敗や挫折は、より前を向き進んでいくための糧であると**、身をもって証明できます。

大人になったら我慢しなくていい

私は仕事柄、幼児から大学院生、プロスポーツ選手や会社員に至るまで、幅広い方々とお話をする機会があります。その中で、近年はとくに「我慢している」人が多いことに気づきました。

たとえば、社員同士のやり取りでも自分の主張を抑えていたり、会社でも「どうせ自分が話をしても変わらないし」と考えていたりするのです。なかなか自分の色を出せず、将来の自分自身の姿についてもダイナミックに考えることを遠慮して、卑下する方も多いように感じます。

もちろん、我慢することを否定するわけでもありませんし、目標を達成するためには、状況によっては我慢することも必要です。

しかし、会社や組織の中で自分を押し殺して〝我慢〟ばかりしているのだとすると、それで本当によいのでしょうか。もっといえば、それであなたは〝幸せ〟といえるでしょうか。

自分の思いや意志を押し殺してまで我慢してしまうのであれば、それは自分の未来のためというよりも、周囲に振り回され、自分が目指す先が見えていないということになるのではと考えます。

大人が「我慢ばかりしている」のは、おそらく「我慢が美徳」とされる日本社会が背景にあるのだと思います。

とくに高度成長期は、組織に属していれば、安心安全な生活が保障された一方で、その代償として、組織に尽くす必要がありました。言い換えれば、我慢を強いられることもあったのではないかと思います。

子どもに自由と勝手の違いを教えるために「我慢しなさい」というのは幼児教育において大切なことです。しかし、**大人になってもやりたいことや、チャレンジしたいことを「制限する」のはもったいない**と思います。

我慢慣れしてしまったら、自分の道を見つけられないだけでなく、本当にやりたいことが見つかったとしても実現することが難しくなってしまうでしょう。

ですから、人に迷惑をかけない範囲であれば**大人は我慢しなくて**よいのです。むしろ、**「やりたいことをやるためにはどうすればよいか」という思考を持つべきではないでしょうか。**

もっとよくなる方法はないか？ と常に考える

仕事や学習など多くのことで、今、目の前にあるタスクについて、うまく終わらせるために考えを巡らせるのは当然です。しかし、近視眼的な視点だけでなく、未来の自分や組織のなりたい姿を思い描きながら、**「もっとよくなる方法はないか？」と常に考える習慣をつくること**も大切だと思います。

私は歩いているときでも、さまざまなことについて「よりよくするには？」と考えるクセがあります。

たとえば、「会社の状況をもっとよくするにはどうしたらよいか」「人とのコミュニケーションをもっとよくするためには何が必要か」「進行中の仕事の業務フローをより改善するためにはどうすべきか」……といったことです。

もちろん、仕事だけではなく「テニスがもっとうまくなるにはどうしたらよいか」「子どもたちがもっといきいきするにはどうしたらよいか」と、趣味や家族についても常に「よりよくなるには？」という思考を持ち続けています。そうすると、やるべきことはいくらでも出てくるのです。

さらに、考えることによって生まれたアイデアを実行することにも、終わりはありません。思考→実行を終わりなくやり続けることで、常に前に進んでいる実感が出てきます。

「この先どうしよう」と心配したり、また不安になったりと、ネガティブに考える時間があるのなら、「もっとよくなる方法はないか？」と常に考え続ける習慣に変えるべきだと思います。すると、**仕事も人との付き合いも楽しくなり、前向きな人生が送れる**のではないでしょうか。

以上が、私の考える目標達成のために取り入れたい考え方です。

一度ついてしまった自分の〝思考のクセ〟を変えることは、なかなか難しいかもしれません。しかし、ここで紹介した考え方のどれかひとつを意識するだけでも、自分の心持ちが違ってきて、行動も変わってくるはずです。

巻末特別対談

「できる」を伸ばして「やりたい」に挑め!

宇田川弁護士と本書の著者・石井大貴は、慶應義塾体育会でのリーダーシップ・マネジメントセミナー(LEAP)の先輩・後輩として学び合い、現在も後輩たちに「目的を持って生きること」の重要性を伝え続けている。そんな二人が、「目標」や「目的」について語り合った。

石井大貴

宇田川高史

(うだがわ・たかふみ)

1981年東京都生まれ。2007年に弁護士登録し、伊藤見富法律事務所(現:モリソン・フォースター法律事務所)等の大手渉外事務所で企業法務に従事。その後、2020年にCLOVER法律事務所を設立。一方でリーダーシップ・マネジメントセミナー代表としての経験を活かし、企業やスポーツチームを対象にセミナーを実施している。

構成/江頭紀子

「目標」は変わるもの、「目的」は不変のもの

石井　宇田川さんは、目標を持つことの重要性を、どのようにお考えですか。

宇田川　明確な目標や計画を持っていれば、人としての成長が早いのは間違いないと思っています。ただ、人生の長いスパンのなかで目標がクリアに見えているときと、そうではないときがあるように思います。

石井　目標が見えていないときは、どうすれば良いでしょうか？

宇田川　とにかく目の前のことに全力で取り組むべきです。私はよくグライダーに例えるのですが、上昇気流ともいうべき目標が目の前にあるときは、その気流に食らいついて上昇していけばいいですが、ときには滑空していくこともあるでしょう。**人生においては、その両方があってもいい**のではないでしょうか。

石井　「滑空する」というのは下降していくのではなく、そのまま風の流れに身を任せるイメージですか？

宇田川　その通りです。滑空中に景色を楽しんだり、時に自分自身を見つめたりする

中で、想定外の可能性に気づいたり、思いもしない方向に人生が進んだりするものです。**案外、そんな時にこそ、本当に自分が達成したいと思える新たな目標が見つかるもの**だと思っています。

石井　宇田川さんの目標とは何ですか？

宇田川　目標には、地位や収入など「定量的」なものもあれば、数字では表せない「定性的」なものもあります。

僕の場合は、定性的な目標を重視しています。具体的には「TAKEを求めない範囲で、できる限りGIVEすること」と「GIVEしてもけっして減ることのない〝3つの資産〟を増やすこと」です。

ここでいう〝3つの資産〟とは、「知識」「仲間」「愛（利他）」のことを指します。**じつは、この3つの資産は、GIVEすると増えていく**のです。この目標は、上昇気流に乗っているときでも滑空しているときでも変わらず、常に意識しながら行動するようにしています。

石井　宇田川さんのおっしゃる定性的な目標は、〝生きる目的〟にも深く関係しそうですね。

宇田川　そうですね。目標とは、ある期間で必ず終焉を迎えます。達成できた場合は、また次の目標を設定するでしょう。また、達成できなかった場合は、もう一度見直しをして、新たな目標を設定します。このように、**目標とは常に変わっていくもの**だと思います。

一方、**目的とは、最終的に成し遂げようとする事柄ですので、人生の目的となると、その人の「使命」とも言い換えられる**かもしれません。

「できる」が増えれば「やりたい」も見えてくる

石井　僕は宇田川さんに、「できる・できない軸」と「やりたい・やりたくない軸」があると教えていただいたことがあります。

宇田川　185ページの図を見てください。縦軸が「やりたい・やりたくない軸」で、横軸が「できる・できない軸」です。

最終的には「やりたい」と「できる」がマックスな状態が理想です。自分は今「できる」を増やしているのか、それとも「ワクワク（やりたい）」のほうに進んでいるのか、もしくは「ワクワク」しながら、「できる」を実行して斜めに進んでいるのかなどを、常に分析することが重要ではないかと思っています。

僕の場合、社会に出てからの一定期間は、「できる」方向に全力でシフトした結果、少しずつ「できる」が増えていき、その中に「やりたい」が見えてきて、今度は、「やりたい」方向に行き切って……と、ジグザグで進みながら、なりたい自分を目指して進んできたように思います。今は「ワクワク」しながら「できる」をやっています。

石井　なるほど。わかりやすい図ですね。

宇田川　まずは「できる」ようになることが、「やりたい」ことをやらせてもらうための大前提だと考えています。また、そもそも何もできない状況では、本当にやりたいことはわからないはずです。**「できる」をやり切って増やし、能力や視野を広げることで、本当の意味での「やりたい」ことが見つかる**と思っています。

石井　逆に「やりたい」にチャレンジすると、自分ができないことに気づくこともあ

宇田川式・「なりたい自分」になるためのイメージ図

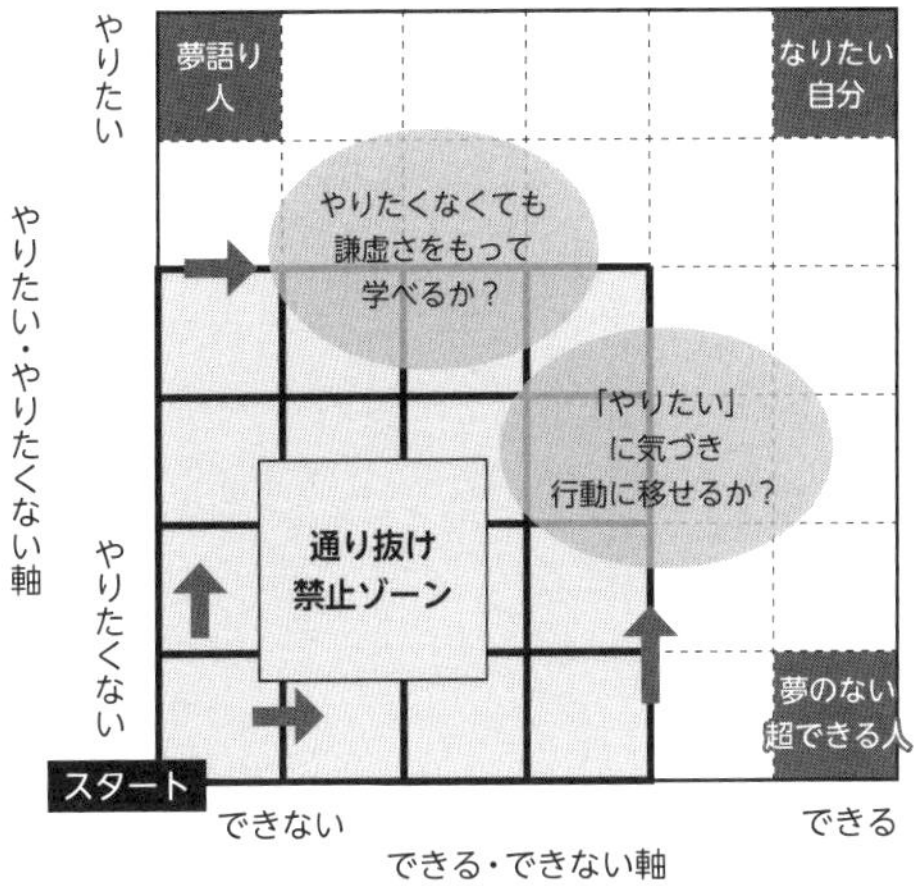

通り抜け禁止ゾーンとは？

「やりたい」軸の場合、「やりたい」が一定程度高まらないと、「できる」軸の人が集まらないので、「できる」軸にシフトすることができない。「できる」軸の場合、「できる」ことが一定程度増えないと、裁量を与えてもらえないため、「やりたい」軸にシフトすることができない。このゾーンをいち早く抜け出すことが成長のカギとなる

POINT

- 格子状の成長線を意識して、どちらかの軸に振り切った方が成長しやすい
- 「やりたい」軸や「できる」軸が高まると、その両方を満たしながら、斜めに進んで行くことができる（点線部分、ここまでいくと成長スピードが高まる）
- できる限り早い段階で「やりたい」軸にシフトしていくことができると、なりたい自分への成長スピードが速くなる

ります。

宇田川　それも大事だと思います。「やりたい軸」だけじゃなく「できる軸」にシフトしていくには、まさに「自分に足りないものを客観的に分析」して、「やりたくないこともやる」ことがコツです。

一方で、この「できる軸」ばかり伸ばしていると、本当に自分がやりたいことが見えなくなってしまう危険もあるので、本当に自分がワクワクすることって何なのか、時に立ち止まって自分を見つめ直すことも不可欠だと思います。**ワクワクする「やりたい」にチャレンジすると、「できる」を増やさなければいけない自分に気づくことができます。**

目標はクリアなほうが人を引きつけやすい

石井　「やりたい」を叶えていくためには、目標や目的も大切ですが、「人とのかかわり」も外せません。

宇田川　その通りですね。その意味では目標がクリアなほうが人を引きつけやすいことは間違いないでしょう。僕は仕事を通じてベンチャー企業の社長をたくさん見てきましたが、**本当にやりたいことをやって輝いていると、投資家や専門家が自然と集まってきます。**

「やりたい」軸で突き抜けた社長が、集まってくれた「できる」軸の人から、謙虚な姿勢でたくさんのことを教わることで、今度は社長自身が「できる」軸にシフトしていくのです。

石井　逆に、目標が持てない人へのアドバイスをお願いします。

宇田川　自分自身の内側にある小さな「やりたい」「ワクワク」を見つけることから始めてみましょうといいたいですね。そのヒントになるのは、**子どものときに夢中になったことにある**と思っています。

石井　宇田川さんが子どものときに夢中になっていたものは何ですか？

宇田川　僕はブロックで何かをつくることや、迷路を解くことに夢中になる子どもでした。今でもその傾向はあって、膨大な証拠資料を漁りながら、どうやったら裁判官を説得できるか、ロジックを考えながら書面を書き上げているときに、時間を忘れて夢中になることがあります（笑）。

小さなことでもいいので、人生のなかでワクワクしたことを探してみると、「やりたい」が見つかって、その積み重ねが「目標」や「目的」になると考えています。

石井　最後に、宇田川さんの今の「ワクワク」を教えてください。

宇田川　僕は、目の前の人に、自分の知識や経験をＧＩＶＥして、その人の人生の進む方向が、少しでも良くなったと思えた瞬間に喜び、つまり「ワクワク」を感じます。このようなワクワクは人によって違いがあって、目の前の誰かではなく、ビジネスをつくって、不特定のより多くの人が幸せになることに、「ワクワク」するという人もいますよね。

石井　僕はその中間で、誰かを喜ばせることにも、多くの人を幸せにすることにも興味がありますね。

改めてお話を伺えたことで、さらに自分自身の「やりたい」が増えました。今日は貴重なお話をありがとうございました。

おわりに

ここまで「目標」の大切さをお伝えしてきたのは、私自身が約20年間、「目標を現実に変えるための3つのルール」をつくり、実現させるためにチャレンジを続けることで、人生が変わったと実感できているからにほかなりません。

元来、**私は「超」がつくほどの〝過去志向〟であり、「あのとき、ああしていればよかった」と後悔ばかりしていました。**いつも弱気で、世の中は薄曇りのイメージ、何をやってもうまくいかないと思っていたものです。しかし、小さなことでも「○ヵ月後、○年後には、こうしたい」と**目標を持つようになってからは、未来志向に変わり、自分の人生が明るく楽しいものへと変わっていった**のです。

「目標達成のための6ステップ」がなければ、前職のテレビ局に入社することも、会社で仕事をしながら大学院に進学して博士号をとることも、歌手としてメジャーデビューすることも、起業することも、この本を書くこともなかったと思います。目標を考えて書き出すことで、「なりたい姿」「本当にやりたいこと」を強く意識するようになり、実行に移すことができたのです。

目標は、いわば暗闇を明るく照らす「光」です。その光は、進むべき方向を指し示すだけでなく、多くのチャンスや仲間との出会いをもたらし、人生を自分色に変えてくれると思います。**信頼できる仲間とともに、自分の行動哲学にしたがって光の差す方向へと歩んでいけば、オリジナリティあふれる豊かな人生が待っている**はずです。

多くの方たちが「なりたい自分」「あるべき未来」を実現して、周囲や社会をも、カラフルなものにしていくことができれば、もっともっと素晴らしい社会になると思います。本書が、その一助になれば、著者としてこれほど幸せなことはありません。

最後に、私に目標を持つことの大切さと、チャレンジすることの楽しさを教えて下さった中野森厳先生と奥様の敬子さんに、心から敬意を表します。

石井　大貴

［協力］

伊那食品工業株式会社
CLOVER法律事務所
セイコーホールディングス株式会社
株式会社アイケイジー
株式会社千葉ロッテマリーンズ
株式会社ファミリーマート

［参考文献］

『GIVE & TAKE「与える人」こそ成功する時代』（アダム・グラント：著、楠木建：監訳）三笠書房
『空間演出家池貝知子の仕事と意見』（池貝知子：著）ACCESS
『グレート・リーダーたれ！』（中野森厳：著）慶應義塾体育会
『現代語訳　福翁自伝』（福澤諭吉：著、齋藤孝：編訳）筑摩書房
『志を育てる』（グロービス経営大学院：著、田久保善彦：執筆・編集）東洋経済新報社
『13歳から分かる！7つの習慣 自分を変えるレッスン』（「7つの習慣」編集部：監修）日本図書センター
『スラムダンク勝利学』（辻秀一：著）集英社インターナショナル
『募集しない名門塾の一流の教育法』（石井美恵子：著）プレジデント社
『やり抜く力 GRIT』（アンジェラ・ダックワース：著、神崎朗子：訳）ダイヤモンド社

「目標」を「現実」に変える たった3つのルール

2021年1月30日　第1刷発行

著　者　石井大貴
発行者　長坂嘉昭
発行所　株式会社プレジデント社
〒102-8641
東京都千代田区平河町2-16-1 平河町森タワー13階
https://www.president.co.jp/　https://presidentstore.jp/
電話　編集 03-3237-3733
販売 03-3237-3731
販　売　桂木栄一、高橋 徹、川井田美景、森田 巌、末吉秀樹

構　成　江頭紀子
装　丁　鈴木美里
組　版　清水絵理子
校　正　株式会社ヴェリタ
制　作　関 結香
編　集　金久保 徹、神山光伸

印刷・製本　大日本印刷株式会社

ISBN978-4-8334-5167-3
Printed in Japan